Nicolas Georgieff

QU'EST-CE QUE LA SCHIZOPHRÉNIE ?

DUNOD

Une première édition de cet ouvrage est parue en 1995 aux Éditions Flammarion dans la collection « Dominos » sous le titre *La schizophrénie*. Cette édition a été actualisée et complétée par l'auteur.

ISBN 2 10 048371 4

Sommaire

Chapitre 3
Actualité de la psychopathologie de la schizophrénie : vers une psychopathologie de l'action

Introduction

Dans l'histoire de la philosophie comme dans celle de la médecine, la folie est reliée à un désordre ou à une incohérence (Voltaire, 1764) de la pensée, et plus largement de l'action humaine. La nature de ce désordre, et ses motifs, ont été définis de manière variable au cours du temps, selon l'état des connaissances et selon les croyances. À une interprétation surnaturelle de la folie, s'exprimant dans la plupart des représentations sociales et justifiant une pratique magique, répond (sans être nécessairement contradictoire, dans l'Antiquité, avec la précédente) une démarche explicative rationnelle qui considère ces faits dans le champ des phénomènes naturels, objets de connaissance et relevant d'une thérapeutique. Parmi les représentations surnaturelles, la croyance, qu'elle résulte d'une possession démoniaque, témoigne du pouvoir (toujours) inquiétant de la pathologie mentale. Les approches médicales depuis l'Antiquité, fondées sur l'observation clinique, identifiant des signes (sémiologie) et des maladies (pathologie), puis les recherches cliniques, psychanalytiques, biologiques ou cognitives modernes, relèvent du second domaine. Ces différents abords sont complémentaires plutôt que contradictoires, à condition de distinguer les différents niveaux d'explication ou de description propre à chacun.

La schizophrénie est la plus fréquente des psychoses chroniques. Le terme de « psychose » désigne en psychiatrie un type de pathologie mentale, caractérisée par un trouble grave de la relation avec la réalité, des troubles de l'identité ou de la conscience de soi, des troubles des relations intersubjectives (donc de la communication), et des perturbations spécifiques de l'activité mentale, en particulier le délire et les hallucinations. Les psychoses sont opposées aux « névroses », comme l'hystérie ou la phobie, où la relation avec la réalité est maintenue ; et où le sujet, contrairement au psychotique, reconnaît l'existence de son trouble.

Les psychoses ont longtemps été confondues avec d'autres troubles mentaux, en particulier les déficits intellectuels congénitaux (« idioties ») ou acquis (démences). L'ensemble de la pathologie mentale est en effet d'abord comprise, dans la première moitié du XIXe siècle, comme l'expression univoque de « l'aliénation mentale » selon Pinel ; jusqu'à la reconnaissance de différentes « maladies mentales » (Falret). Esquirol distingue ainsi la « démence », affection acquise résultant d'une perte de la raison, de l'intelligence et de la volonté, et « l'idiotie », où ces troubles sont présents depuis l'origine et ne peuvent varier (Garrabé). Puis la pathologie mentale à proprement parler sera progressivement distinguée d'autres altérations intellectuelles, comme la démence (Alzheimer). Parmi les maladies mentales, les psychoses ou délires chroniques, pathologie durable et évolutive touchant la conscience et la relation avec le monde, retiennent particulièrement l'intérêt des psychiatres. Les travaux porteront d'abord, au cours du XIXe siècle, sur le mode évolutif de ces délires, leurs thèmes, l'évolution possible vers un déficit intellectuel ; puis ils s'orienteront dans un second temps (début du XXe siècle jusqu'à aujourd'hui) vers les mécanismes de la pensée délirante, les particularités du fonctionnement mental sous-jacent aux troubles cliniques. C'est là le domaine de la « psychopathologie ».

La pensée folle n'est plus alors seulement définie par ses contenus étranges, son incohérence logique ou sa fausseté au regard de la réalité (la croyance délirante), mais par des anomalies des mécanismes mêmes de la pensée. L'étude ne porte pas seulement sur les produits de l'activité mentale, pensées ou croyances, mais sur les opérations de production générant celles-ci. Les mécanismes sous-jacents au comportement, à la pensée et au langage, étant invisibles, il est nécessaire de construire des modèles de ce fonctionnement psychique non directement observable. On doit alors procéder par hypothèses, selon une démarche commune à toute approche scientifique (la physique par exemple).

Nous verrons que deux principaux abords théoriques proposent une compréhension de l'activité mentale et donc de ses perturbations dans la psychose. La psychanalyse, qui a longtemps été la principale théorie du fonctionnement psychique, proposera d'emblée une compréhension de l'activité mentale la plus complexe et de ses perturbations dans la psychose. La démarche scientifique objectivante classique en revanche s'est longtemps restreinte à la compréhension des faits biologiques ou du comportement (« behaviorisme »), à l'exclusion des processus mentaux jugés inaccessibles. Les neurosciences ont ainsi exploré les aspects biologiques du fonctionnement du cerveau.

Mais aujourd'hui les « sciences cognitives » ont pour objectif l'étude scientifique et « naturaliste » du psychisme lui-même. Pour la psychanalyse comme pour les sciences cognitives, l'activité psychique consciente et observable résulte d'opérations non conscientes — même s'il s'agit d'inconscients tout à fait différents dans l'un et l'autre cas. Nous retiendrons de ces approches que la pensée peut être considérée comme le produit d'une activité mentale selon une perspective « naturaliste », et qu'il est possible de formuler des hypothèses sur les opérations qui exécutent la production des « états » ou « actes mentaux ». La pathologie schizophrénique peut jouer un rôle important dans la compréhension de l'esprit par la science contemporaine, car la compréhension de ses symptômes amène à conjuguer ces approches, à confronter ces différents points de vue sur le psychique. C'est cette perspective psychopathologique actuelle, qui voit converger les approches psychanalytiques, cliniques et neuroscientifiques modernes sur des objets communs, comme la conscience, l'expérience de soi et d'autrui, ou l'intersubjectivité, et leurs anomalies dans la schizophrénie, que nous développerons surtout ici.

Dans le même temps, différentes recherches visent à comprendre les causes des troubles schizophréniques. Schématiquement, se sont opposés sur ce point les tenants d'une causalité « psychologique » environnementale s'originant dans les événements relationnels ou psychologiques (« psychogenèse ») concernant le sujet et son entourage, et ceux d'une cause biologique, constitutionnelle ou acquise (« organogenèse »). Nous proposerons ici de confronter ces différents points de vue et de mettre en question ces apparentes contradictions.

Nous ne discuterons pas ici la validité de la notion même de schizophrénie : comme de nombreuses pathologies décrites en médecine, celle-ci est née d'un découpage particulier des faits, d'un mode donné d'observation et de compréhension des comportements, dépendants de l'état historique des connaissances et des modes de pensée d'une époque. L'existence de malades considérés aujourd'hui comme « schizophrènes », et des troubles de la personnalité et de la pensée dont ils souffrent, ne fait plus guère de doute. Il a été confirmé que cette pathologie s'observe dans différentes cultures de par le monde, et non seulement en occident où Bleuler l'a initialement décrite (étude pilote de l'OMS, 1966). Par contre, l'existence de la schizophrénie elle-même comme une « maladie » autonome, et par conséquent d'un « modèle » schizophrénique univoque de perturbation de l'activité psychique, est contestée et suscite de nombreux débats. On ne doit en effet pas oublier qu'il s'agit là de constructions scientifiques opérées à partir de réalités naturelles, et non de simples descriptions ou observations de ces réalités. En effet, la réalité dont il s'agit en psychiatrie est d'une nature très particulière, celle du comportement au sens le plus large, moteur, mental et affectif, et plus particulièrement du comportement relationnel. Toute description d'un comportement est déjà une interprétation de celui-ci, car le comportement humain est doté d'une propriété spécifique : l'intentionnalité, c'est-à-dire qu'il exprime un sens ou une intention. Décrire le comportement normal ou pathologique, ne serait-ce que dans un souci de simple catégorisation, c'est déjà en inférer le sens, donc procéder par hypothèses. Toute séméiologie ou nosographie psychiatrique s'inscrit donc dans une dimension intersubjective elle-même dépendante de déterminants culturels et sociaux, c'est-à-dire dans un contexte historique qui détermine l'état des représentations admises de l'individu, du comportement et de la vie mentale. Sans céder à un relativisme quant à l'objet, bien réel et naturel, de la psychiatrie, on doit être attentif à ces influences culturelles et contextuelles dont l'approche historique éclaire l'impact.

L'histoire de la psychiatrie montre bien en effet comment ces constructions théoriques que sont les symptômes, les syndromes et les pathologies, évoluent au fil du temps, des idées et des connaissances. Il s'agit souvent de constructions scientifiques temporaires, de catégories d'attente définies sur la base de connaissances seulement empiriques, catégories destinées à évoluer ou disparaître au gré du progrès des connaissances scientifiques. Il est probable qu'on regroupe sous le terme « schizophrénie » des pathologies hétérogènes, que des études à venir aideront à différencier sur des indices plus précis que ceux de la clinique actuelle. Les différents troubles que nous décrirons s'observent donc dans la schizophrénie, mais parfois aussi dans d'autres troubles mentaux.

Aujourd'hui l'acception du terme « schizophrénie » est d'ailleurs différente en France et dans les pays anglo-saxons, où il recouvre des psychoses (paranoïaques et hallucinatoires chroniques) qui sont ici nettement distinguées des schizophrénies. Cette définition élargie explique que la plupart des recherches menées aujourd'hui dans les psychoses de l'adulte concernent « la schizophrénie », à entendre alors comme un objet théorique, un paradigme plus qu'une réalité clinique indiscutable. En évoquant « la schizophrénie », nous prétendrons seulement aborder différents aspects de la vie mentale que le terme de schizophrénie recouvre en l'état actuel des choses, pour au moins certaines de ses acceptions.

L'existence d'une forme particulière de psychose apparaissant chez le sujet jeune, évoluant rapidement vers l'aggravation jusqu'à un état d'allure démentielle, sera soulignée par différents psychiatres dès le début du XIXe siècle : Morel d'abord, Kahlbaum et Hecker ensuite. Ceux-ci décrivent une *paraphrénia hébética* ou « hébéphrénie » (Hecker) avec troubles du langage, apparaissant à la puberté et aboutissant à un état terminal d'affaiblissement intellectuel ; une « catatonie » (Kahlbaum), caractérisée par des troubles de la motricité (une rigidité « cireuse » avec conservation des attitudes) ; une « héboïdophrénie » (Kahlbaum) où les troubles du comportement sont majeurs. Puis le psychiatre allemand E. Kraepelin regroupe en 1900 ces différentes formes sous l'appellation *dementia praecox*, en y adjoignant une forme « paranoïde ». À cette époque, ce qui définit la maladie est, plus que les symptômes observés, l'âge d'apparition et l'évolution chronique vers l'affaiblissement intellectuel (*Verblödung*). La paranoïa représente alors l'autre grande psychose, caractérisée par un trouble circonscrit de la raison ou de la pensée, un « délire » chronique ordonné et d'apparence logique, à thème de persécution (délire d'interprétation), respectant l'intelligence ; mais dont la thématique et les mécanismes peuvent être retrouvés aussi dans certaines formes de démence précoce (définies par leur évolution et leur âge de début), qualifiées alors de « paranoïdes ». Historiquement, la schizophrénie s'étend donc au détriment de la paranoïa, et la frontière entre ces deux formes de psychose reste un objet de débat, même si la schizophrénie s'est aujourd'hui imposée dans les diverses classifications diagnostiques internationales.

Chapitre 1

Clinique de la schizophrénie

La schizophrénie (ou plutôt le groupe des schizophrénies, compte tenu des aspects variés de cette pathologie) touche environ 1 % de la population des deux sexes. Elle débute chez l'adolescent ou le jeune adulte avant trente ans, et évolue de manière chronique (un traitement prolongé est nécessaire) en perturbant gravement la vie relationnelle, sociale et professionnelle. L'évolution est cependant variable selon les cas, se faisant vers l'aggravation (25 % des cas), la stabilisation ou l'amélioration progressive (50 %), une amélioration nette ou une rémission (25 %). Le traitement associe les médicaments (surtout les neuroleptiques) et la psychothérapie, c'est-à-dire différentes méthodes thérapeutiques fondées sur la parole et la relation. L'hospitalisation est nécessaire à certains moments, mais le traitement à long terme est le plus souvent ambulatoire. Il a pour but la réduction des troubles, le retour à une vie relationnelle, une réhabilitation socio-professionnelle, la restauration de l'autonomie. Il s'associe donc nécessairement à des mesures sociales, et à une relation avec la famille. Long et régulier, ce traitement doit être mis en œuvre le plus tôt possible.

L'expression de la maladie est très variable. Prenons cependant un cas typique : celui d'un jeune homme de moins de vingt ans, qui parfois à la suite d'un événement marquant (un deuil, une séparation), montre une dégradation massive et rapide de ses études, une tendance à l'isolement, une perte d'intérêt pour ses activités et pour ses proches. La bizarrerie du comportement, des actes étranges ou incohérents conduisent plus ou moins vite selon les cas à une première consultation ou à l'hospitalisation. Sinon les troubles s'aggravent, entraînant la désocialisation. Mais l'entrée dans la maladie peut parfois se faire de manière brutale et bruyante, par une bouffée délirante aiguë ou un acte spectaculaire. Le diagnostic de la maladie, souvent difficile, repose uniquement sur la clinique, c'est-à-dire la reconnaissance des symptômes. Il impose de distinguer la schizophrénie de troubles moins graves ou temporaires, liés à l'adolescence en particulier, ou à d'autres pathologies (dépression).

La symptomatologie schizophrénique peut être schématiquement définie à trois différents niveaux d'observation : d'abord celui de la production et de l'organisation de la pensée, du langage, ou plus généralement des actions ; ensuite celui de l'expérience subjective ou de la conscience de soi, de « l'identité », enfin celui de la relation avec la réalité et surtout avec autrui : l'interaction.

I. LA DÉSORGANISATION DE LA PENSÉE ET DE L'ACTION

Le premier point de vue privilégie la désorganisation et l'incohérence caractéristiques de la pensée ou du discours schizophréniques, responsable de leur caractère énigmatique (la « bizarrerie » schizophrénique). Un patient définit ainsi sa maladie : « c'est une transformation changeante, un changement, une modification progressive ; c'est un glissement de l'ambiance ». Le délire est lui même incohérent et peu compréhensible, contrairement à celui plus crédible des paranoïaques.

Historiquement, la prise en compte de cette désorganisation formelle et logique de l'activité mentale a défini la « démence précoce », puis la schizophrénie. L'incohérence schizophrénique a été décrite ensuite comme une « discordance » entre les représentations ou et les affects, ou comme l'effet d'un trouble fondamental des associations mentales et du cours de la pensée. Le discours et la pensée révèlent des associations incompréhensibles, illogiques, parfois comparables à celles du rêve. Des associations par assonances ou par dérivations sémantiques et des néologismes rendent le discours inintelligible. Parfois, une rupture brutale interrompt le flux de la pensée (« barrages »), avant un passage « du coq à l'âne ». À l'extrême, la pensée et le discours se réduisent, le sujet restant mutique, inaccessible ; ou bien son discours perd toute forme intelligible et devient un jargon. « Ce sont vos affaires : aide de camp, c'est la mare en Simée ; l'azène vous l'envoyez promener, toujours courir, pour loger quelque part, si vous faites courir de l'argile, il se logera dans l'azène » (patient de P. Chaslin, cité par Lanteri-Laura).

Le comportement dans son ensemble exprime cette désorganisation : les gestes, les attitudes sont étranges, maniérés, parfois irrationnels, de même que les réactions émotionnelles.

Les anomalies de la vie affective, qui appartiennent à l'expérience vécue du malade, se laissent moins facilement décrire dans le cadre médical que les troubles « formels » de la pensée. Mais cela ne doit pas faire négliger leur importance. L'une des plus patente de ces perturbations s'exprime dans « l'autisme » schizophrénique évoqué plus loin : un retrait qui donne parfois lieu à une sorte d'extinction affective, de « détachement » ou d'indifférence apparents. Tout désir ou motivation semblent alors s'éteindre (« athymormie »). Le patient reste apragmatique et figé, sans initiatives motrices ni vécu émotionnel manifeste, coupé de la communication. Il ne manifeste plus d'intérêts pour le monde.

Mais la désorganisation observée au niveau du langage ou de la pensée s'exprime aussi dans la vie affective, par des mouvements émotionnels excessifs ou incompréhensibles : rires dits « immotivés » ou sourires « discordants ». Des sentiments ou émotions opposés (amour et haine) peuvent coexister de manière simultanée et profondément contradictoire (ambivalence schizophrénique). Des affects apparaissent de manière incompréhensible, sans lien manifeste avec la situation ou avec les pensées du sujet. Mais le trouble majeur est l'angoisse, lorsque le sujet perd le sentiment de la réalité du monde environnant (déréalisation) ou de sa propre personne et existence (dépersonnalisation). Les tentatives de suicide sont alors particulièrement fréquentes et redoutables.

Cette double lecture, privilégiant soit les représentations mentales, soit l'affectivité, peut susciter une controverse sur la nature de la maladie : du trouble de la pensée ou de l'affectivité, lequel serait premier ? Considérer l'affect comme cause de la désorganisation de la pensée rapproche la folie de la passion : la pensée serait folle du fait de son « intention », des motifs qui l'animent. Inversement, une explication plus mécaniciste voit, dans le dérèglement formel des processus associatifs, la cause des troubles affectifs. On peut cependant supposer que la dissociation de ces deux dimensions, de la représentation et de l'affect, ne rend pas compte de deux événements mentaux de nature distincte et que l'on pourrait opposer. Tout événement mental se laisse décrire selon une dimension de « représentation », et aussi selon une dimension « affective » prenant en compte la charge de plaisir ou de déplaisir qui lui est liée. L'affect serait inhérent à l'acte de pensée et à la « représentation », il serait une « qualité » de celle-ci. L'opposition affect-représentation témoigne alors de deux modes de description d'un même événement mental sous-jacent, qui ne se laisse lui-même réduire ni à l'une, ni à l'autre. Les perturbations des deux registres chez le schizophrène seraient nécessairement corrélatives, et ne pourraient donc être expliquées l'une par l'autre. Il faut plutôt rechercher le trouble sous-jacent qui les conditionne l'un et l'autre ensemble.

II. HALLUCINATIONS ET DÉLIRE : UN TROUBLE DE LA CONSCIENCE DE SOI

Si ce premier point de vue soulignait la désorganisation de l'activité mentale et de l'action, le second éclaire l'expérience vécue par le sujet et les troubles de la « conscience de soi ». Pour cela, il prend en compte une seconde série de symptômes psychotiques typiques, relativement spécifiques de la schizophrénie : les hallucinations et la croyance délirante.

Le délire est défini par une croyance absolue et inébranlable, et que le sujet ne partage pas avec autrui, dans la réalité de contenus de pensée « imaginaires ». Les plus fréquentes sont les idées délirantes de persécution, où le sujet est convaincu que des personnages (réels ou non) le poursuivent de leur malveillance, complotent contre lui. Elles s'associent souvent à des thèmes de grandeur : le sujet est convaincu d'être le fils de Dieu, d'être investi d'une mission, de jouir de pouvoirs surnaturels. Sentiment de grandeur ou d'importance du soi, et expérience de persécution par autrui, peuvent d'ailleurs être compris comme deux faces d'un même trouble de l'image de soi et d'autrui. Le thème des délires schizophréniques est souvent abstrait, religieux, scientifique ou mystique ; souvent aussi il concerne le corps : conviction d'une maladie, d'une altération du visage.

Les contenus délirants peuvent évoquer les produits de l'imagination, de la création artistique ou de la croyance religieuse. Mais au-delà des contenus, ce qui caractérise le délire est une croyance particulière, la « conviction délirante ». Il s'agit d'une conviction intime échappant à toute contestation par les faits. Elle est donc très différente de l'expérience habituelle du jugement ou de la croyance, engagés par rapport à un fait réel ou même une notion abstraite comme la croyance religieuse. Elle naît souvent par l'attribution d'une signification personnelle et étrange à un événement réel quelconque, qui prend brutalement sens de manière évidente, et dont le sujet a l'intuition qu'il se rapporte à lui. Le délire place le sujet au centre du monde, face à des événements qui prennent sens pour lui, le concernent, et ne peuvent plus être aléatoires mais expriment nécessairement une logique cachée.

Les hallucinations psychotiques (classiquement définies comme des « perceptions sans objet »), seconde catégorie de troubles typiques, consistent le plus souvent dans la « perception » de « voix » qui s'adressent au sujet, l'insultent, lui donnent des ordres, commentent ses actes, ou conversent entre elles. Plus rarement il s'agit d'hallucinations visuelles ou olfactives, parfois encore le patient se plaint de transformations corporelles, de contacts ou de sensations étranges, imposées à distance par des « ondes ». Les hallucinations peuvent toucher la pensée elle-même (le

« discours intérieur ») : le sujet a alors l'impression que sa pensée ne lui appartient plus, est répétée en écho par les voix et divulguée, qu'elle lui est imposée par autrui ou par une machine.

Au début du siècle, le psychiatre Clérambault a particulièrement bien décrit cette altération de l'expérience en définissant l'automatisme mental, où le sujet ressent sa pensée comme un phénomène automatique, incontrôlable, s'emballant pour associer de manière insensée des mots ou des idées. Parfois le sujet est convaincu qu'autrui, ou une machine invisible, contrôle sa pensée, lui impose ses idées, ses intentions ou ses volontés (phénomènes qualifiés de « xénopathie »), joue de lui comme d'une marionnette, lui vole ses pensées. Cette construction délirante est appelée « syndrome d'influence » : le caractère privé et intime de la pensée et des actes, où le sujet peut normalement reconnaître son intention, sa « volonté », disparaît. Les pensées sont communicables, se transmettent librement à autrui ou viennent d'autrui. Au milieu du xxe siècle, le psychiatre K. Schneider considérera ce type de symptômes (qu'il nomme « symptômes de premier rang ») comme les plus caractéristiques de la schizophrénie.

Comme nous le développerons plus loin, ces phénomènes peuvent être compris aujourd'hui comme l'effet d'un trouble de la conscience de soi, plus précisément de la conscience par le sujet d'être agent ou source de sa propre action (intentions, pensée et langage).

L'expérience consciente de la pensée, du langage, et plus largement des actions, est en effet normalement caractérisée par un sentiment de continuité et d'intentionnalité, d'appartenance à soi – qui manque aux hallucinations verbales et idéiques. On « se » reconnaît dans sa pensée, c'est-à-dire dans « celui » qui pense, l'agent de l'activité mentale et de l'action. Les hallucinations et le délire expriment de ce point de vue une altération de cette représentation de soi en tant qu'agent de ses actes et intentions. Il semble que le sujet ne puisse pas se reconnaître auteur de certains de ses actes mentaux, vécus comme des événements extérieurs, des actes et intentions d'autrui.

Contrairement à l'usage populaire du terme, schizophrénie ne signifie donc pas personnalité « multiple ». Il ne s'agit pas d'un dédoublement du sujet, mais du fait que l'unité même de la pensée et du « sujet » échoue à se constituer. On peut décrire cette anomalie comme un trouble de l'identité au sens de l'expérience subjective des pensées et du langage intérieur. Cette expérience semble spécifiquement perturbée dans la schizophrénie, un « trouble de la représentation de l'action » altérant le sentiment de soi en action comme nous le verrons plus loin.

III. LE TROUBLE DE LA RELATION AVEC LA RÉALITÉ ET AVEC AUTRUI : LA CONSCIENCE DE L'AUTRE

Ces symptômes s'inscrivent eux-mêmes dans le cadre général d'une altération du contact ou de la relation avec la réalité, qui constitue un aspect fondamental des psychoses. Le fait que le sujet ne « critique » pas ses troubles en est déjà un signe. Ce qui est altéré ici a été défini comme fonction ou sens du réel (Ph. Janet), puis par S. Freud comme un « principe de réalité », assurant la prise en compte de celle-ci et gouvernant l'activité psychique. L'altération du contact avec la réalité ne se manifeste pas seulement par les troubles de la pensée et le délire, mais plus largement par un repli sur la vie intérieure, au détriment des relations avec le monde et avec autrui. Ce retrait, désigné par le terme « d'autisme » schizophrénique, peut aboutir à la désocialisation dont souffrent certains patients lorsqu'ils ne sont pas traités. Ce versant de la clinique est souvent dit « déficitaire ». L'école phénoménologique (que nous évoquerons plus loin) a privilégié ce trouble et décrit une « perte du contact vital avec la réalité », ou perte de « l'élan vital ».

L'altération du contact avec autrui surtout est caractéristique : la relation avec le patient suscite un sentiment de distance et d'étrangeté, dû en partie aux troubles de la communication verbale (la désorganisation du discours) et non verbale (attitudes, mimiques inadaptées), à une difficulté à comprendre le sujet, et à se représenter ses pensées et ses émotions. Ici encore, nous verrons plus loin comment les troubles de la communication ou de la relation avec autrui sont aujourd'hui reliés à des troubles de l'ajustement du comportement de communication du sujet aux états mentaux, intentions et comportements de l'autre, c'est-à-dire à des troubles de la pragmatique de la communication. Lorsque nous sommes engagés dans une interaction, notre comportement, notre pensée et notre discours sont en effet constamment et continûment régulés non seulement par les réponses, les comportements et émotions que nous percevons chez notre interlocuteur, mais aussi par les émotions, intentions et croyances (les états mentaux) que nous prêtons à cet interlocuteur, en les anticipant. On nomme aujourd'hui « théorie de l'esprit » ou « empathie » cette capacité à se représenter les états mentaux d'autrui en se « mettant à la place » de lui, par « identification ». Comme nous le verrons plus loin, il semble que cette fonction complexe permettant l'accès à la vie mentale d'autrui, qui régule nos interactions et notre communication interpersonnelle, soit perturbée chez le sujet souffrant de schizophrénie, expliquant ce qui a autrefois été décrit comme « étrangeté » ou « bizarrerie » du contact avec autrui.

Alors que délire et hallucinations témoigneraient d'un trouble de la conscience de soi (de la représentation des actions et intentions propres du sujet), nous suggérons donc que le trouble de la relation exprime symétriquement un trouble de la conscience de l'autre (de la représentation de ses actions et intentions).

Les troubles de la relation avec autrui sont en effet eux-mêmes étroitement liés à ceux de la conscience de soi. Les capacités de représentation de soi et d'autrui sont interdépendantes, et témoignent d'une capacité de différenciation, mais aussi de constitution par identification, de soi et d'autrui. Cette différenciation apparaît fondamentalement perturbée dans les psychoses. Les troubles de l'expérience subjective des événements mentaux expriment donc une confusion, une indistinction du « soi » et du monde extérieur (les « objets » en termes psychanalytiques), du « soi » et d'autrui, des événements réels externes et de la vie psychique (imaginaire). Ils témoignent de la perturbation de la relation avec la réalité externe, avec laquelle le « soi » ou l'imaginaire (les représentations mentales) se confondent.

Chapitre 2

Psychopathologie de la schizophrénie

I. DISCORDANCE ET DISSOCIATION : VERS UNE PSYCHOPATHOLOGIE DE LA SCHIZOPHRÉNIE

L'aspect caractéristique des troubles de la pensée a suscité différentes descriptions et modèles du dysfonctionnement schizophrénique. En 1912, Chaslin proposait la notion de « discordance » pour rendre compte, de manière descriptive plutôt qu'explicative, des troubles observés dans les délires chroniques et en particulier les cas de démences précoces selon Kraepelin, cas qu'il préfère nommer « folies discordantes » sans cependant postuler ainsi l'existence d'une affection unique. La critique par Chaslin de la notion de « démence précoce » repose sur le constat que, malgré l'apparente pauvreté de son activité psychique, le malade schizophrène garde des capacités qui sont seulement inexploitées et non détruites. Il lui apparaît donc nécessaire de définir le trouble schizophrénique à un autre niveau que celui du déficit démentiel, profond et irréversible — d'autant que les démences sont alors mieux connues et reliées à des anomalies cérébrales typiques (Alzheimer). La discordance, fait caractéristique selon Chaslin, correspond à l'absence d'accord ou d'harmonie, allant jusqu'à une contradiction apparente entre les thèmes du délire et l'émotion exprimée, et plus généralement entre les idées ou représentations mentales et les affects. Elle correspond aussi à l'incohérence des actions, ou des événements psychiques successifs, ou à la coexistence de signes cliniques contradictoires pour la psychiatrie (par exemple l'incohérence du discours et la conservation de l'intelligence). La « folie discordante verbale », caractérisée par l'incohérence du discours (schizophasie aujourd'hui), exprime particulièrement cette perturbation caractéristique. Chaslin propose donc de définir le caractère pathologique de la pensée des « déments précoces » non d'abord par leurs contenus (leur thématique), ni par un déficit intellectuel « démentiel » ou un trouble de la personnalité ou de l'identité, mais par une forme particulière d'incohérence, manifeste pour l'observateur, de la pensée, du langage ou de l'action du sujet.

Au même moment, le terme de « schizophrénie » est forgé par E. Bleuler (1911). Influencé à la fois par la psychiatrie de Kraepelin et par la psychanalyse naissante, ce psychiatre suisse définit par ce néologisme un groupe de psychoses correspondant là encore à la « démence précoce » de Kraepelin, tout aussi nettement distinguées des états démentiels (Bleuler souligne que, contrairement à ce qui est observé dans la démence, l'intelligence elle-même n'est qu'apparemment altérée chez les schizophrènes, et les fonctions élémentaires du psychisme sont intactes), et surtout qu'il serait possible de référer à un même mécanisme psychopathologique, à un même trouble premier de l'activité mentale. L'ambition de Bleuler est donc non seulement descriptive, mais bien explicative. Il ne retient pas pour seul critère diagnostique l'évolution vers la détérioration, et met l'accent sur la nature du trouble élémentaire sous-jacent aux manifestations cliniques. Celles-ci peuvent d'ailleurs être très variables, et Bleuler conçoit l'unité de la « maladie » seulement du point de vue du mécanisme ou processus psychopathologique en cause, et non du point de vue de ses différentes expressions dans le comportement (il évoque un « groupe » des schizophrénies).

Ce mécanisme hypothétique serait, selon Bleuler, la *spaltung* des fonctions psychiques, traduite par « dissociation » ou « dislocation » (schizophrénie est construit par Bleuler à partir du grec *schize* qui signifie « coupure » et dont il souligne lui-même l'analogie avec la « discordance » de Chaslin). Cette altération s'exprimerait directement par un trouble des processus associatifs (symptômes « primaires »), responsable des anomalies de la pensée et du langage : associations insolites (analogues à celles du rêve), affaiblissement logique, morcellement et destruction de la pensée qui ne peut se construire et reste confuse. Derrière cette spaltung, il existerait un relâchement primaire du tissu associatif lui-même. Cette hypothèse fait ainsi référence à la théorie « associationniste » très prégnante à l'époque, et dont Freud connaîtra aussi l'influence. Bleuler pensait que le processus morbide sous-jacent, le *primum movens* de la maladie, cause de l'altération des processus associatifs, pouvait être « physique » ou biologique, d'origine organique et cérébrale. Surtout, la plupart des symptômes caractéristiques de la schizophrénie (délire, hallucinations, troubles de la relation avec la réalité) sont considérés par Bleuler comme « secondaires », c'est-à-dire comme des conséquences indirectes du relâchement primaire des associations.

Il existe donc pour Bleuler différents niveaux d'explication des troubles. D'abord, une cause organique cérébrale provoque le trouble associatif primaire, l'altération psychologique, le trouble primaire des associations, qui n'est pas directement accessible à l'observation clinique. Cette dissociation produit à son tour un affaiblissement des associations logiques, désorganise la pensée et l'action, et permet l'influence des « complexes » normalement inconscients. Du fait de cette *spaltung*, la pensée est alors soumise à l'influence excessive de « complexes » d'idées particuliers, chargés d'affect ou d'émotions, et qui perturbent son cours et causent les symptômes « secondaires », les plus visibles. C'est cette influence qui fera souvent évoquer une nature « affective » du trouble schizophrénique, opposée à la nature plus « intellectuelle » du trouble démentiel. Le trouble primaire s'exprime à des niveaux psychologiques plus complexes, touchant différentes formes de l'activité mentale ou motrice, de l'affectivité et de la volonté.

Au niveau psychologique, Bleuler ne récuse donc pas la pertinence des explications freudiennes, qui rattachent les troubles de la pensée à l'influence de contenus particuliers, normalement inhibés et « inconscients », mais « libérés » chez le schizophrène. C'est en fonction de leur lien associatif avec ces « complexes » affectifs que certaines associations d'idées seront perturbées : la symptomatologie

« secondaire » obéit donc à une logique (ou causalité) psychologique. C'est le cas des barrages (interruptions brusques du cours de la pensée, avec changement de thème), des troubles affectifs (désintérêt, négativisme, affects inappropriés), des hallucinations. Bleuler distingue ainsi trois niveaux : celui du « processus morbide » (*primum movens* de la maladie), défini comme physique ou organique et cérébral ; celui du « symptôme primaire » exprimant le processus morbide et touchant cette fois le niveau psychologique : le trouble associatif, qui est en fait un mécanisme de production des symptômes « secondaires » et qui n'est pas directement accessible à l'observation clinique ; enfin les effets de ce trouble associatif à des niveaux psychologiques plus complexes, touchant différentes formes de l'action mentale ou motrice, de l'affectivité et de la volonté : les symptômes à proprement parler.

Une limite nette est ainsi posée entre le trouble psychologique primaire (relâchement associatif ou dissociation, mécanisme indépendant de tout contenu psychologique particulier), et les symptômes cliniques (désorganisation de l'action, troubles de la pensée et de fonctions complexes : intelligence, volonté) qui obéissent à une « psychogenèse », c'est-à-dire qu'ils sont causés par des contenus « affectifs » normalement inconscients, mais libérés chez le schizophrène. Mais c'est un premier mécanisme, la dissociation, qui en désorganisant la pensée et l'action permet l'influence de ces « complexes » normalement inconscients. Les symptômes caractéristiques seraient seulement des conséquences indirectes du relâchement primaire des associations. Nous verrons l'analogie de ce point de vue avec l'approche cognitive.

Deux aspects de la symptomatologie « secondaire » sont à souligner. La dissociation produit un affaiblissement des associations logiques, au profit de l'influence sur l'activité psychique de multiples « complexes » affectifs. La pensée ou l'action n'est donc plus organisée par un but univoque (but de l'action quelle qu'elle soit), mais morcelée par les complexes qui déterminent le cours des associations de manière simultanée et multiple, sans lien unificateur. La personnalité serait elle-même morcelée en autant de « personnalités » ou de « vouloirs » indépendants, que de complexes ou de fractions idéo-affectives indépendantes, libérées par le relâchement associatif primaire. Il s'agit donc d'une « dissociation » du sujet lui-même, d'une perte de l'unité psychique. Jung, élève de Freud, développera ce point de vue associationniste en insistant sur l'autonomie chez le schizophrène de complexes affectifs, isolés de la personnalité et coupés de toute relation avec la réalité. Mais bien sûr ce modèle de trouble repose sur l'hypothèse selon laquelle toute action ou pensée est subordonnée à un but unique et repérable, par rapport auquel elle s'organise ; hypothèse qui sera remise en question par la psychanalyse lorsqu'elle montrera que l'action a en même temps plusieurs sens et plusieurs buts ou « intentions », conscientes et inconscientes.

L'autre conséquence de la dissociation est l'autisme, défini comme la perte de la relation avec la réalité, combinée avec une prédominance de la vie intérieure, qui satisfait elle-même ses exigences. Pour Bleuler, le terme d'autisme renvoie à la notion freudienne d'auto-érotisme, c'est-à-dire le fait que la pulsion ou les désirs puissent se satisfaire sans objet, sur un mode que Freud suppose réalisé chez le bébé avant l'investissement du monde extérieur. Pour Bleuler, ce sont en effet les complexes affectifs qui déterminent les troubles de la relation du schizophrène avec la réalité : la pensée méconnaît les éléments de la réalité dans la mesure où ils sont en contradiction avec ces « complexes ».

Les troubles de la pensée constituent un aspect caractéristique de la schizophrénie de Bleuler, mais sont de nature très variable : dissociation, barrages, croyance délirante, hallucinations, troubles du langage. Il souligne ainsi deux aspects de la maladie : la désorganisation de la pensée et de l'action, son « incohérence », mais aussi et surtout le trouble de l'identité ou de la conscience qui est corrélatif : le sujet ne peut reconnaître qu'il est l'auteur de ses actes, il fait l'expérience de sa pensée ou de son langage comme s'il s'agissait d'événements extérieurs à lui. Nous y reviendrons.

La description du trouble schizophrénique s'appuie donc implicitement sur une théorie du fonctionnement « normal » de l'esprit, un modèle de la personnalité et de la pensée. Déjà pour Chaslin la « discordance » des signes entre eux, c'est-à-dire le fait que l'on puisse retrouver ici des symptômes normalement non regroupés, révélait les limites de la description mais aussi de la compréhension du psychisme par la psychiatrie de son époque : l'activité mentale du schizophrène obéit de ce point de vue à une logique insaisissable, et ne peut être définie que par son incohérence, par défaut pourrait-on dire. À son tour, Bleuler définit la schizophrénie par défaut, au regard d'une conception associationniste de l'activité psychique et de l'organisation de la personne.

L'interrogation sur la nature de la schizophrénie apparaît donc indissociable d'une interrogation sur les mécanismes et les règles de l'activité mentale, l'organisation de la pensée et du langage, la constitution du soi et de la conscience, les mécanismes de la relation avec le monde et autrui. Mais que sait-on précisément de ces processus de pensée, de quel modèle du fonctionnement psychique disposons-nous ? À cette question il est aujourd'hui possible d'ébaucher une réponse pluridisciplinaire. C'est à ce titre que le développement récent des sciences cognitives, qui prennent pour objet d'exploration scientifique l'activité mentale sous tous ses aspects, apporte, après la psychanalyse, une contribution à la psychiatrie et à la compréhension de la pensée « pathologique » en même temps que de l'activité psychique « normale ».

II. L'APPROCHE PHÉNOMÉNOLOGIQUE

Si l'approche clinique classique choisit d'observer objectivement les troubles schizophréniques, l'école phénoménologique allemande adopte en revanche une autre perspective, donnant accès à l'expérience ou « vécu » du patient. Elle se distingue également de l'approche psychopathologique classique qui, comme nous le verrons, tente de comprendre les mécanismes aboutissant à la production de l'état clinique, de manière « naturaliste », mettant des symptômes en relation avec les hypothétiques processus de la maladie. Plutôt qu'expliquer la clinique ou formuler des hypothèses pathogéniques, l'approche phénoménologique a pour but de dévoiler la structure intime du « phénomène », l'expérience pathologique ou le mode d'être schizophrénique (Azorin). Contrairement au symptôme qui renvoie à une théorie de la maladie, le phénomène montre en lui-même ce qu'il annonce. Cette expérience est révélée (par intuition) par la rencontre avec le patient, dans l'intersubjectivité.

Minkowski, introducteur de l'œuvre de Bleuler en France au début du siècle, privilégie l'autisme et non la dissociation. Alors que l'autisme était pour Bleuler une conséquence de la dissociation, cet auteur y voit le signe d'une perturbation première, la « perte du contact vital avec la réalité », ou perte de « l'élan vital », trouble essentiel de la schizophrénie et dont découlent les autres symptômes. Soucieux de distinguer le trouble psychotique d'un déficit intellectuel, des psychiatres français (Dide et Guiraud) avaient déjà proposé de remplacer le terme de « démence précoce » par celui « d'athymornie juvénile », perte de « l'élan de l'âme », supposant par là un trouble premier « affectif » plus qu'intellectuel. L'autisme, comme phénomène et non plus comme symptôme au sens de Bleuler, témoigne selon Minkowski d'un trouble du « temps vécu », de la difficulté du schizophrène à « assimiler tout ce qui est mouvement et durée », et donc à faire l'expérience de la temporalité. Minkowski s'appuie sur l'opposition faite par Bergson entre l'intelligence, apte à représenter seulement les objets et l'espace, l'immobile et le discontinu, mais incapable de penser le temps ; et l'instinct, composante « dynamique » du psychisme se rapportant à la durée et à l'expérience du « temps vécu », source du sentiment d'harmonie et « d'ambiance ». Minkowski revient donc, par la notion d'« instinct » selon Bergson, sur l'hypothèse « affective », opposée à celle d'un trouble « intellectuel ». Mais il tente d'élucider la nature de cette composante « affective » de l'activité mentale. Chez le schizophrène, l'altération de ce second facteur psychique serait en cause, compensée sans succès par l'intelligence : « Je ne sens plus les choses. Je supplée à ce manque de sensations par la raison », dit un malade cité par Minkowski. Le rationalisme morbide (tendance à trouver des explications incongrues à toute chose), l'intérêt pour l'espace plus que pour le temps, le caractère abstrait et géométrique de la pensée, traduisent à la fois la rupture du contact vital avec la réalité, et les tentatives faites pour compenser ce manque. L'autisme se manifeste particulièrement dans le domaine de l'action : l'activité autiste est détachée du devenir ambiant, elle répond certes à un projet, mais coupé du monde. Il s'agit donc d'un trouble « pragmatique », touchant la prise en compte de la réalité au regard de l'action entreprise, l'usage de la pensée en fonction des exigences d'une situation.

Binswanger introduira la notion de « perte de l'expérience naturelle », c'est-à-dire de l'évidence du monde ou de la croyance dans sa réalité, de l'enchaînement naturel de successions, qui est habituellement le contexte de l'existence. L'autisme et le délire dépendent de cette altération, qui modifie l'objectivité comme l'intersubjectivité ; la dissociation témoigne quant à elle des tentatives faites pour rétablir la continuité de l'expérience. Blankenburg approfondira cette notion en décrivant chez des schizophrènes (reprenant les termes mêmes de certains sujets) la « perte de l'évidence naturelle », du « sentiment du monde ». L'altération porterait sur « l'être au monde » selon Heidegger (« *Dasein* »), c'est-à-dire la condition de possibilité transcendantale de toute expérience naturelle, de tout rapport du sujet à l'objet. Ces sujets ne pourraient alors ni rencontrer le monde, ni se constituer eux-mêmes, dans la mesure où la conscience intentionnelle de soi (« l'ego ») est corrélative d'un ancrage dans le monde, d'un rapport avec les objets et avec un autrui (Azorin). Cette altération porte aussi selon ces auteurs sur le « sens commun », c'est-à-dire l'expérience partagée avec autrui : la capacité d'appréhender le monde d'un point de vue partagé avec tous les autres. Dans ce cadre s'inscrivent les perturbations de la relation intersubjective, comme les troubles du langage ou le délire mettant en cause l'existence même de l'autre. Pour la phénoménologie, il y a donc, chez le schizophrène, altération de la constitution des choses, de soi, d'autrui, et de la liaison entres ces éléments, donc de la continuité de l'expérience comme de la continuité temporelle. La question de « l'association » nécessaire à ces synthèses (et de son trouble) est posée ici dans un autre contexte que celui de la psychiatrie associationniste de Bleuler (Azorin).

Ces travaux portent sur l'essence du trouble schizophrénique, et montrent comment s'instaure, entre autisme (perte du contact avec le monde), et dissociation (désorganisation de la pensée, dispersion des fonctions psychiques, du moi et des objets de la réalité) une relation d'implication réciproque, la pensée ne s'organisant et ne s'unifiant qu'au contact de la réalité, et la relation harmonieuse avec la réalité n'étant maintenue que si l'organisation de la pensée le permet. Cependant la nature (seulement descriptive, ou explicative et causale) de ce lien entre l'organisation de la pensée et de l'action (privilégiée par l'associationnisme et par Bleuler), et la relation avec la réalité (que la phénoménologie tente d'éclairer), donc entre les troubles de l'un et de l'autre d'un point de vue psychopathologique, reste en question. Nous envisagerons plus loin les hypothèses proposées par la psychanalyse (qui privilégie la relation avec autrui plutôt qu'aux objets), et par les travaux cognitifs modernes, portant sur les mécanismes de production de la pensée et leurs altérations possibles.

III. PSYCHOPATHOLOGIE PSYCHANALYTIQUE

Nous n'évoquerons que partiellement l'apport psychanalytique à l'étude de la schizophrénie et des psychoses. Il s'agit d'un domaine vaste et difficile, du fait de la complexité de l'œuvre freudienne, et de la diversité des auteurs et des théories.

La psychose est définie par un trouble de l'organisation psychique et de la constitution du sujet. Cette organisation est référée en psychanalyse au complexe d'Œdipe, c'est-à-dire à un processus assurant normalement, au cours de l'enfance, la structuration du sujet et de ses relations avec la réalité par rapport à deux pôles ou deux fonctions, maternelle et paternelle. Schématiquement, à une première relation duelle et indifférenciée entre le bébé et sa mère, succède une relation tierce entre l'enfant, la mère et le père qui marque l'ouverture à l'autre et au monde. Il ne s'agit pas des personnes réelles mais de « fonctions », et les interactions sont psychiques, imaginaires plus que concrètes, organisées par les désirs et les fantasmes. Pour la psychanalyse, la « structure » psychotique est reliée à l'échec de l'accès à une position « œdipienne », c'est-à-dire à un défaut de différenciation du sujet et d'autrui, altérant son rapport avec les objets et la réalité.

Différents auteurs ont cru devoir rechercher dans les perturbations des relations précoces entre l'enfant et ses parents (ou surtout les représentations de ceux-ci), et dans certains événements réels ou seulement imaginaires (fantasmes) mis en jeu dans ces relations, des facteurs expliquant la constitution de la maladie. Schématiquement, ces hypothèses supposent un défaut de la fonction paternelle nécessaire à l'individuation, et des troubles précoces de la relation avec la fonction maternelle. Mais ce ne sont pas tant les événements que leur sens pour le sujet, ni les individus que leurs « fonctions » psychiques, qui seraient en question. De plus, la psychanalyse définit un mode de causalité très spécifique (nous y reviendrons). La fixation à une étape psychique « pré-œdipienne » s'exprimera par des troubles de la structuration de la personnalité, de l'individuation ou différenciation, des troubles de la pensée, de la vie sexuelle et affective, des relations à autrui. Certains mécanismes psychiques « psychotiques », normalement propres à des étapes précoces de l'organisation psychique, assurent un mode brutal et rigide de « défense » vis-à-vis des pulsions sexuelles. Ils sont causes d'altérations graves de la relation avec la réalité (le déni) et de la constitution du « soi » (le clivage, la projection), d'une fragilité du « moi » à l'égard des pulsions. La pensée sera caractérisée par un défaut de représentation des différences entre sujet et objet ou entre les objets, une altération de l'expérience de la continuité et de la temporalité.

Plutôt qu'une tentative d'explication causale, la psychanalyse propose donc des hypothèses pour comprendre le fonctionnement psychique dans la schizophrénie.

En définissant la notion de schizophrénies, Bleuler fait explicitement référence à la théorie psychanalytique. Il suppose que les symptômes sont en rapport avec des « complexes » sexuels normalement inconscients (qui s'expriment aussi dans les symptômes des sujets névrosés). La notion d'autisme est proche de l'auto-érotisme freudien. Cependant Freud critique la théorie de Bleuler, et estime que le terme de schizophrénie (il préfère « paraphrénie ») ne rend pas compte de la réalité du trouble.

Freud définissait la psychanalyse comme un procédé d'investigation de processus mentaux inaccessibles, fondé sur l'association libre ; comme une méthode pour le traitement des névroses ; enfin comme une théorie psychologique. Il faut donc distinguer ici le champ de la pratique (Freud n'a pas appliqué sa méthode thérapeutique aux psychoses), et celui de la théorie du fonctionnement mental, où la psychose tient une place importante.

La théorie freudienne rompt avec la notion d'un « sujet » ou d'une « personne », pour construire un modèle d'appareil psychique, décomposable en différents systèmes fonctionnels ou « instances » (conscient, préconscient, inconscient, puis moi, ça, surmoi) et dont le fonctionnement produirait les faits observables (pensées, personnalité...). Cet appareil n'est pas le cerveau, mais un système abstrait, obéissant à des principes analogues à ceux de la physique. Schématiquement, l'appareil psychique comprend des systèmes de représentations mentales (les unes inconscientes dites « de chose », les autres accessibles à la conscience), et des charges d'énergie psychique ou « affects », qui se déplacent parmi les représentations et les « investissent ». Son fonctionnement est régi par un principe « économique » au sens physique : il tend à se décharger des tensions, pour retrouver constamment un bas niveau d'excitation ou d'énergie.

Deux sources d'investissement mettent cet appareil « en tension » : les stimulations venues de la réalité (perceptions) et les désirs issus de l'organisme. Freud privilégie cette seconde source d'excitation endogène, correspondant aux « pulsions », c'est-à-dire à des exigences « internes » de représentation imposées par le corps. La tendance spontanée de ces tensions « endogènes » est de se décharger. Freud propose donc de manière hypothétique l'existence d'un premier mode de pensée : l'appareil tend à réduire les tensions liées aux besoins, en réactualisant des souvenirs de satisfaction (la tétée par exemple) et en évitant les motifs de déplaisir. Il n'a donc pas à « connaître » la réalité. Ce fonctionnement permet une satisfaction par décharge des tensions. Par contre, il ne permet pas de distinguer les souvenirs réinvestis, c'est-à-dire les représentations mentales, et les perceptions issues des objets réels. Le souvenir est confondu avec une perception : c'est l'hallucination. Freud qualifie cette pensée de « primaire ». Le fonctionnement est régi par le « principe de plaisir ». Les excitations s'écoulent librement, trouvant immédiatement leur décharge.

Cependant la prise en compte de la réalité s'impose, l'hallucination ne permettant pas la satisfaction réelle des besoins, des tensions qui s'accumulent. La pensée primaire, l'hallucination sont inhibées, et l'investissement d'énergie (l'excitation) lié à la représentation en est détaché et déplacé, par voie associative, vers d'autres représentations, vers le pôle perceptif de l'appareil, jusqu'à la perception d'un objet permettant une satisfaction « réelle ». L'hallucination est ainsi empêchée, au profit de la perception, de la pensée ou de l'action. La pensée consiste dans un déplacement d'investissement parmi les représentations. Elle cherche à décharger les tensions liées au désir, par une action dans la réalité. C'est le mode de pensée « secondaire », où l'énergie est « liée » aux représentations, et peut être déplacée parmi celles-ci. Un acte de pensée se substitue à l'hallucination initiale.

De ce fait le psychisme prend en compte ou représente la réalité et permet d'agir sur elle. Il est alors régi par un « principe de réalité ». Le langage joue un rôle essentiel dans cette transformation du mode de pensée primaire en secondaire. L'instance psychique chargée des relations avec la réalité est ce que Freud appelle le « moi ». Elle est chargée d'inhiber les décharges primaires hallucinatoires, et d'assurer un compromis entre les exigences pulsionnelles inconscientes (le « ça »), et les contraintes de la réalité.

Le « refoulement » de représentations hallucinées (des traces d'expériences en mémoire) a transformé leur statut, les rendant inaccessibles en constituant ce que Freud nomme

« l'inconscient ». Ce terme polysémique désigne l'inaccessibilité radicale à la conscience de certaines représentations (du fait d'un mécanisme actif de « refoulement »), mais aussi la nature particulière de ces représentations (satisfaction de désirs). Cet inconscient spécifique est à bien distinguer du fait que pour Freud les processus de pensée sont par nature non conscients (le refoulement « sépare » l'inconscient du champ des pensées accessibles à la conscience).

Mais la transformation du fonctionnement primaire en secondaire n'est pas totale. Un mode de pensée primaire et inconscient, échappant au principe de réalité, persiste, en particulier pour les pulsions sexuelles. Celles-ci peuvent en effet se satisfaire sans objet dans la réalité. Pour cette pensée inconsciente, la représentation se confond en quelque sorte avec la chose représentée, le désir avec son accomplissement, selon le principe de l'hallucination. L'Inconscient désigne donc aussi un mode de pensée primaire hallucinatoire (où la représentation mentale est expérimentée comme une réalité perceptive), ignorant le « principe de réalité » et caractérisé par la décharge immédiate des tensions. On pourrait le décrire comme une sorte de « mémoire » inaccessible mais constamment « active », tendant à réactualiser des représentations en ignorant les contraintes de la réalité.

Il existerait donc différents systèmes de représentation et modes de pensée, une hétérogénéité du psychisme. Freud lui donnera différentes formes : opposition entre processus primaire et secondaire, c'est-à-dire entre principe de plaisir et principe de réalité ; entre pulsions sexuelles et d'autopréservation, ou entre pulsions sexuelles dirigées vers le sujet lui-même — le narcissisme — ou vers le monde extérieur ; enfin entre pulsions « de vie » et « de mort » c'est-à-dire entre tendance au mouvement ou au retour à l'identique, à la répétition. Le fonctionnement psychique est fondé sur une conflictualité interne et inconsciente, s'exprimant par différentes perturbations (l'angoisse et les troubles psychiques).

De ce point de vue, la pensée schizophrénique serait le produit d'un mode particulier, « primaire » et soustrait au

« principe de réalité », d'activité mentale et de décharge des investissements (donc de « défense » de l'appareil contre les tensions ou désirs), produisant hallucinations et délire. De ce mode de fonctionnement, dépendent l'altération des règles logiques de la pensée, l'altération du rapport avec la réalité et de la représentation de soi (indistinction soi-autrui ou soi-monde extérieur, perte d'identité).

Reprenons successivement ces trois aspects : désorganisation des contenus, trouble de la relation avec la réalité, enfin troubles du « vécu » subjectif.

1. Pensée schizophrénique et dissociation : les processus primaires

Pour la pensée « primaire », les représentations se substituent immédiatement les unes aux autres sur la base d'une simple analogie entre les images ou entre les mots. Le jeu des « processus primaires » expliquerait donc la désorganisation logique ou « dissociation » de la pensée. En ce sens, la pensée ou le discours schizophréniques évoquent le rêve. Ils sont sous la dominance plus ou moins forte d'un mode de pensée « inconsciente » spécifique, qui ne s'inscrit pas dans une temporalité, ne connaît ni négation ni contradiction, et méconnaît la réalité. Les représentations mentales investies par la pulsion ou les désirs sont l'objet d'une décharge hallucinatoire, qui perturbe la constitution même de la pensée, c'est-à-dire le déplacement de l'investissement vers d'autres représentations. En ce sens, les symptômes constituent une sorte de « défense » psychique contre les tensions dues aux désirs. Mais l'hallucination ne permet aucune satisfaction durable des exigences pulsionnelles.

La psychanalyse donne ainsi une logique au mode de pensée psychotique, mais elle donne aussi un sens à ses contenus incompréhensibles. Elle repère dans l'incohérence schizophrénique une forme organisée et non aléatoire, la structure de l'inconscient, un ordre mental sous-jacent à la pensée « secondaire » organisée. Le refoulement de cette pensée primaire permet normalement l'organisation d'une forme logique, la « pensée secondaire », sorte de « traduction » d'un état psychique inconscient indéchiffrable — à laquelle la pensée schizophrénique serait ramenée par « régression ». Elle révélerait ainsi une structure originelle de la mémoire : les associations « incohérentes » obéissent à une logique de la pulsion, « personnelle » et non communautaire. Il y a donc un « sens » du non-sens, par exemple des néologismes « inventés » par les schizophrènes. Mais ce « sens » ne peut être déchiffré par une lecture universelle. À la logique sociale du langage et de la communication, se substituerait dans la schizophasie celle d'un idiome crypté et hermétique, organisé mais incommunicable.

2. Pensée psychotique, inconscient et réalité

À première vue, la pensée schizophrénique fuirait les contraintes de la réalité, pour se satisfaire sur un mode imaginaire, celui du rêve, de « l'autisme » au sens de la vie intérieure. C'était l'hypothèse de Bleuler, qui qualifiait de « pensée autistique » la pensée irréaliste observée dans la rêverie ou même la science, en dehors donc de la schizophrénie. Une pensée se détachant trop de la « réalité » serait donc menacée de « folie », voire de schizophrénie. Freud semble aller dans ce sens lorsqu'il écrit que le philosophe, comme le schizophrène, recourt à une pensée excessivement « abstraite », traite les « représentations de mots » indépendamment des « représentations de choses » auxquelles elles renvoient.

Mais pour Freud le retrait de la réalité au profit de l'imaginaire caractérise plutôt le névrotique. Celui-ci renonce en effet à l'objet réel, pour investir sur un mode inconscient sa représentation, dans un « fantasme ». Dans la schizophrénie au contraire, Freud suppose que l'investissement se retire également de la représentation psychique inconsciente. Ce trouble est très différent d'un simple retrait de l'intérêt pour le monde au profit de la vie intérieure. Il ne s'agit pas chez le schizophrène d'une substitution de l'objet imaginaire à l'objet réel, de la vie intérieure à la réalité ; mais bien d'un retrait d'investissement de la représentation mentale. Le mécanisme même de la pensée et de l'activité de représentation est touché, et non seulement le rapport de celle-ci avec la réalité.

Pour le comprendre il faut revenir à la notion de « conflit » psychique. Selon Freud, la pensée comme l'action naissent d'une tension entre tendance au fonctionnement primaire, pour lequel représenter ce qui est désiré c'est l'accomplir sur un mode hallucinatoire, et la prise en compte de la réalité et de ses contraintes (pensée secondaire). Un conflit se joue donc vis-à-vis des pensées inconscientes, qui doivent être constamment refoulées. Mais il se joue aussi vis-à-vis de la réalité elle-même, représentée et prise en compte par la pensée contre une tendance initiale à la méconnaître, dans la décharge immédiate et hallucinatoire des désirs. Le mécanisme du « refoulement » est donc à double sens : il assure à la fois le maintien de représentations dans l'inconscient, et de ce fait permet le déplacement des investissements liés à ces représentations vers la pensée secondaire ou l'action, vers la réalité. Refoulement de l'inconscient et représentation de la « réalité » apparaissent en quelque sorte corrélatifs. C'est précisément cette articulation, cette forme de résolution du conflit entre pensée primaire et secondaire, qui serait altérée chez le psychotique. Les rapports de l'activité de pensée avec la réalité, et avec la subjectivité, sont alors fondamentalement perturbés.

Chez le sujet névrotique (non psychotique), le refoulement de la représentation inconsciente et la relation à la réalité peuvent être également maintenus, au prix d'une déformation limitée, d'un comportement qui constitue un « compromis » entre les deux courants psychiques, les deux modes de pensée. Cette sorte d'intégration correspond aux fonctions du « moi », conciliant exigences pulsionnelles inconscientes et contraintes de la réalité.

Il en va différemment dans la psychose. Les troubles psychotiques témoignent d'une méconnaissance plus étendue (mais non totale) de la réalité, comme l'hallucination qui se substitue à la réalité, ou un « refus » de représentation de celle-ci.

La pensée secondaire, inhérente au « moi », qui tend à la prise en compte de la réalité et donc au refoulement d'exigences inconscientes, ne peut se constituer. S'impose la tendance de celles-ci à la satisfaction hallucinatoire, au mépris des contraintes de la réalité, sur le mode primaire.

Si le refoulement des représentations inconscientes échoue, c'est donc corrélativement un « refoulement de la réalité » qui se produit : à un fragment de celle-ci, insupportable au regard des contraintes pulsionnelles, se substitue une représentation inconsciente qui échappe au refoulement, une construction imaginaire mais confondue avec la réalité. Le mode de représentation inconscient confond en effet représentation et perception, imaginaire (ou souvenir) et réalité, désir et réalisation du désir. C'est l'hallucination ou le délire. L'acte de pensée inconsciente « crée » une réalité imaginaire ou « interne », issue de la mémoire, mise au lieu de la réalité « externe ». Il s'agit d'un trouble de « l'épreuve de réalité », fonction du moi chargée d'assurer très tôt dans la vie la distinction entre la représentation d'un objet et l'objet réel, entre souvenir (ou acte mental) et perception, initialement non distinguables.

Envisageons le même trouble du point de vue de l'inconscient : il s'exprime alors par le fait que l'Inconscient n'est pas constitué comme tel. La représentation d'un désir, normalement soumise au refoulement lors de l'émergence du « principe de réalité », s'actualise ici sur le mode de l'hallucination. La représentation inconsciente est vécue comme une « réalité » trompeuse, un événement réel externe. Le symptôme psychotique (hallucination ou délire) serait donc l'actualisation anormale d'une représentation psychique inconsciente (le « fantasme inconscient »), normalement soumise au refoulement, mais ici expérimentée par le sujet dans la réalité. Il s'agit d'un mécanisme de défense, au sens d'une tentative de décharge de la tension due au désir ; défense moins coûteuse, mais aussi moins efficace, que le refoulement et le mode de pensée secondaire soumis au principe de réalité.

Il en résulte que dans la psychose, l'inconscient (ses contenus comme son mode d'organisation ou de pensée) est « à ciel ouvert » ; il se manifeste librement dans le discours ou la pensée du schizophrène (comme dans un rêve), apparaît de manière hallucinatoire ou délirante dans la réalité. Ces faits sont expérimentés par le sujet comme des événements réels, extérieurs à lui. Il y a perte de la capacité d'attribution à soi d'un événement mental, de sa distinction d'avec un événement réel externe. Nous verrons plus loin comment reformuler aujourd'hui cette hypothèse dans le langage des sciences de l'esprit. Le souvenir devient événement actuel, l'acte inconscient devient acte d'autrui, dont le sujet est le témoin ou la victime : on le poursuit avec malveillance, complote contre lui, sa pensée est contrôlée par autrui, ses actes imposés, des contenus externes font effraction dans l'intimité de sa pensée, des voix s'adressent à lui, commentent ou ordonnent ses actes.

On peut opposer ce mécanisme à celui qui s'observe chez le sujet névrotique, où l'inconscient s'exprime par des déformations de la pensée, du langage (lapsus) ou des actes, provoquant angoisse, non-sens (une « erreur »), ou effet comique. Le sujet garde le sentiment de continuité de soi, il reconnaît ces productions comme lui appartenant, qu'il puisse ou non en saisir le sens inconscient. Dans la psychose par contre ces contenus émergent (trompeusement) dans la réalité du monde ou chez autrui, hors de « soi », coupés de la conscience intentionnelle.

Tout se passe comme si le conflit psychique ne se jouait pas dans le psychisme du sujet, entre le moi (ou une partie de celui-ci, le surmoi) et des tendances « internes » opposées, inconscientes (le « ça ») ; il se joue entre le sujet et la réalité, comme au dehors de lui (entre le « ça » et la réalité). Le fait que tous ces « événements » s'adressent au sujet, le concernent de manière énigmatique, témoigne pourtant de leur nature « inconsciente ». On pourrait dire qu'à l'effet de sens du lapsus ou même du rêve, où le sujet peut après coup reconnaître un désir, une intention inconsciente, s'oppose le non-sens, l'opacité de l'hallucination qui s'adresse au sujet mais reste énigmatique. Il y a alors méconnaissance d'une partie de « soi » (ou plutôt, de l'activité psychique du sujet).

Surtout, ce sont des désirs ou pulsions inconscientes qui font ainsi retour sur le mode de la persécution délirante, attribués à autrui (en fait, à celui qui en est l'objet). L'amour inconscient voué à autrui se transforme en une haine persécutoire, vouée à soi par autrui ; puis il se retourne sur le moi qui en devient l'objet ou la victime (délires de persécution, paranoïaques ou paranoïdes).

Ce mécanisme par lequel des désirs inconscients ou des actes mentaux sont attribués à autrui et entraînent une conviction délirante, est la « projection » psychotique. Comme l'hallucination, il aboutit à une méconnaissance de l'événement mental, un trouble de la distinction entre événement « interne » et réalité « externe ». Une représentation inconsciente produite par le psychisme du sujet est expérimentée de manière pathologique dans la réalité. Elle entraîne une croyance « délirante » impossible à modifier, insensible aux arguments de la réalité. De la même manière qu'il croit, sans pouvoir en douter, à la réalité de ses « voix », le sujet « adhère » à son délire. Il s'agit en fait d'une conviction plus forte que la croyance dans la réalité d'une chose.

Consciences (et donc distinction) de soi et du monde, du dedans et du dehors, de soi et d'autrui, sont ainsi d'emblée coexistantes et interdépendantes. Dans la schizophrénie, ces oppositions fonctionnelles s'effondrent, en même temps que les réalités (de soi, d'autrui, du monde) qui en dépendent, et au prix d'une confusion entre inconscient et réalité.

3. Le statut de la pensée dans la schizophrénie

Nous devons donc dépasser la question du contenu de la pensée psychotique. À travers la question de la relation avec la réalité, c'est en effet le statut de la représentation elle-même, dans la pensée schizophrénique, qui est mis en question.

Des aléas du conflit entre ces deux modes de fonctionnement, donc du mode de représentation des désirs inconscients, dépendent les différents symptômes psychiques — dont les troubles schizophréniques. Ils expriment de différente manière une intentionnalité inconsciente, refoulée, en

« conflit » avec l'intentionnalité consciente qui, elle, s'organise par rapport à la réalité. Le « principe de réalité » a pour finalité la réduction des tensions et donc la satisfaction pulsionnelle « réelle ». Mais celle-ci ne peut s'accomplir, pour les désirs inconscients refoulés, que sur un mode substitutif, par l'intermédiaire d'actions adaptées à la réalité, par « déplacement » de désirs inconscients dans des mouvements de représentation, de pensée ou de langage s'ajustant à la situation. Ce déplacement aboutit à la formation de « compromis » entre les deux courants psychiques, celui issu de l'inconscient et celui qui s'organise au contact de la réalité.La notion de « représentation » doit être redéfinie, du point de vue psychanalytique, par rapport à l'Inconscient. Le jeu conflictuel d'instances proposé par Freud pour rendre compte de l'activité psychique (moi, ça, surmoi*), implique différents modes d'activité et donc de représentation mentale. L'inconscient reste soumis au processus primaire et au principe de plaisir, alors que la pensée secondaire est soumise au principe de réalité. Le terme « inconscient » désigne un mode de pensée spécifique, et non seulement « non conscient ».

C'est particulièrement manifeste pour les productions pathologiques de l'esprit (troubles hystériques, phobies, obsessions, hallucinations et délire), dont l'analyse a permis le développement de la théorie freudienne. Leur sens consiste selon Freud dans la satisfaction sexuelle de désirs infantiles, et le symptôme lui-même constitue une « formation de compromis » entre cet accomplissement (retour du désir refoulé) et sa répression par le moi (ou une partie de celui-ci, le surmoi). Ces actes mentaux apparemment dénués de sens témoignent donc, comme toute action, d'un but ou d'une intentionnalité spécifique et inconsciente.

Mais ce modèle ne s'applique pas seulement aux symptômes pathologiques. Le déplacement d'investissements (et donc de sens), à partir de l'inconscient vers des actions actuelles, confère à celles-ci une « intention » (un sens) inconsciente. La psychanalyse vise à rendre conscientes ces intentions non apparentes. Interpréter une pensée ou une action, c'est la relier à la représentation refoulée dont elle résulte par déplacement, au désir inconscient qu'elle tend à satisfaire indirectement. La notion d'inconscient implique une polysémie des représentations mentales, une intentionnalité multiple des actions et de la pensée. Le langage (sa polysémie naturelle joue ici un rôle essentiel), la pensée, l'action peuvent avoir valeur de compromis : une représentation mentale a constamment plusieurs sens, une action plusieurs buts. La signification ou le motif conscient d'une action, son but actuel, recouvrent des représentations-buts inconscientes et inactuelles, la réalisation de désirs anciens.

D'une certaine manière, le trouble de la pensée schizophrénique impliquerait une perturbation de ce mécanisme qui articule l'inconscient au conscient, et dont dépend le sens, la polysémie des représentations ou actes mentaux. Si la pensée schizophrénique témoigne directement d'un inconscient « à ciel ouvert » (qui dès lors n'est paradoxalement plus inconscient), alors le statut même des représentations mentales est modifié.

La pensée secondaire « représente » des contenus inconscients, dans la mesure où elle permet, par déplacement, leur accomplissement symbolique par l'action (pensée ou langage). Le trouble psychotique de la pensée perturberait précisément, avec l'échec de la constitution d'une pensée secondaire, cette émergence de la représentation. La pensée primaire n'est pas tant une « représentation », qu'une « présentation » de la chose ou de l'action en mémoire. L'hallucination est accomplissement d'une scène, « présentation » de celle-ci comme « réelle ». L'hallucination est constamment traitée comme réelle. Par contre, la représentation par la pensée secondaire est jugée vraie ou fausse selon l'existence ou non de l'objet représenté. L'adoption du « principe de réalité » et de la pensée secondaire modifie la nature de l'acte mental, et transforme un accomplissement hallucinatoire en une « représentation » expérimentée comme un acte de pensée. C'est seulement alors qu'apparaissent les catégories du vrai ou du faux, définies par rapport à la réalité, à l'objet. Différents troubles psychotiques peuvent être reliés à une altération de ce statut.

La schizophrénie interroge donc la nature de la pensée ou du langage. Sa spécificité ne pourrait être repérée seulement au niveau des énoncés, ou des contenus de pensée. Elle apparaît dans l'étude de la position du sujet (le niveau de l'énonciation) : ce que la pensée ou le mot représente pour ce sujet, le sens qu'ils produisent pour lui.

Rapprocher la pensée schizophrénique du mode de pensée primaire ou inconscient, c'est supposer dans la psychose une altération du statut de la représentation mentale, de sa nature substitutive et polysémique. C'est bien le sens de la confusion schizophrénique entre représentation (ou imaginaire) et réalité. La pensée schizophrénique serait plus proche de l'acte mental inconscient, hallucinatoire, valant pour la chose elle-même, que de la pensée en tant qu'elle représente l'acte ou la chose pour un « soi » et corrélativement pour « autrui ». Le trouble toucherait un mode de représentation pour lequel le mot ne se confond plus avec la chose. Par la notion « d'équation symbolique », A. Segal a désigné le fait, caractéristique selon elle de la pensée psychotique, que le symbole vaut strictement « pour la chose ». De nombreux auteurs ont souligné la perte de la portée ou nature symbolique de la pensée et du langage schizophrénique, son « réalisme » ou son caractère excessivement « concret » (Searles), le fait par exemple que les métaphores soient prises « au pied de la lettre », ou que les mots valent pour les choses.

On met alors en question dans la psychose la dimension métaphorique ou poétique, qui fait de toute chose représentée autre chose que la chose réelle, du fait des liens associatifs tissés, du sens donné à tout événement par l'activité de pensée et ses déplacements. D. Winnicott a montré que le rapport avec la réalité impliquait la constitution préalable d'un « espace transitionnel » entre connu et inconnu, familier et nouveauté, soi et non-soi. C'est aussi une sorte d'interface entre mémoire et réalité, objet imaginaire et objet réel, principe de plaisir (pensée primaire) et de réalité (pensée secondaire). Cet espace manquerait au fonctionnement psychotique, ce qui perturberait l'accès à la représentation, à l'activité de pensée en tant qu'elle repose sur une substitution de la représentation à la chose.

Mais la portée métaphorique du langage implique aussi la relation à l'autre, la mise en place de la dimension du récit adressé à autrui. W.R. Bion souligne le fait que le fonctionnement et la constitution de l'appareil psychique dépendent de la relation précoce avec l'autre — la mère. C'est l'appareil psychique maternel, construisant un « récit » pour le père, qui permettrait la transformation des premières productions psychiques du bébé en « pensées ». L'intériorisation seconde de l'appareil maternel à « penser les pensées » permet ensuite la constitution du psychisme. La psychose serait liée à un défaut de cette intériorisation.

La dominance du mode de pensée primaire chez le schizophrène s'exprimerait donc par un trouble de la nature symbolique ou métaphorique de l'activité de pensée. Freud souligne la spécificité de la représentation verbale chez le schizophrène, en affirmant que ce qui définit le discours schizophrénique est le fait qu'il traite les mots « comme les choses ». Ce mode de fonctionnement caractériserait plus largement la pensée inconsciente. Quand il s'applique à des représentations de mots, celles-ci perdent de ce fait leur statut de représentations symboliques. Elles ne représentent plus les choses mais sont les choses mêmes. Pour l'observateur, les symptômes ont un sens, voire même un excès de signification. Ce qui est alors perturbé, c'est à la fois le mode de pensée et l'accès du sujet au sens de sa pensée, de ses représentations. La nature symbolique de la pensée dépendrait du mode de représentation, de la nature de l'acte mental, et non de son contenu. C'est en quelque sorte à ce niveau, des conditions de production du sens par le discours ou la pensée, que résiderait la perturbation schizophrénique. Le mot ne serait un symbole, n'aurait une « signification », qu'en fonction d'un rapport à la réalité et donc d'un mode de pensée, la pensée secondaire qui obéit au « principe de réalité » (contrairement à la pensée inconsciente). Ce mode de pensée qui assure une relation avec les objets ou la « réalité », c'est-à-dire la représente, serait la condition de la portée « référentielle » du langage, et serait altéré dans la schizophrénie.

4. « Moi », narcissisme et subjectivité

On peut tenter de comprendre la pensée schizophrénique du point de vue de sa logique, de sa relation avec la réalité, mais aussi par rapport au sujet. Elle est en effet définie par des troubles corrélés de l'expérience subjective ou de la conscience de soi, et de la relation avec la réalité.

Avec K. Abraham, Freud a supposé qu'il existe normalement un équilibre entre l'investissement psychique des objets (« libido d'objet »), et l'investissement du « moi » (« libido narcissique »). Dans la schizophrénie, tout se passe comme si la libido d'objet, transformée en libido narcissique, se retirait sur le moi. Le désintérêt du schizophrène pour le monde et l'expansion de l'estime de soi tiendraient au fait que les investissements psychiques sont retirés du monde et de ses représentations et ramenés sur le « moi », pris comme seul objet.

C'est la « régression narcissique ». Le schizophrène reviendrait à un hypothétique stade psychique initial, le narcissisme primaire, où les désirs du bébé pourraient se satisfaire sans objet externe, dans un parfait solipsisme. Si ce retrait du monde et surtout de ses représentations constitue la première étape du processus schizophrénique, les symptômes délirants témoigneraient, dans un second temps, d'une tentative de restitution de l'investissement aux représentations. Le délire ou le discours schizophrénique exprimeraient paradoxalement une tentative de guérison, de reconstruction de la réalité perdue et de la pensée.

Du point de vue du déséquilibre entre investissements des objets et de soi, un excès de narcissisme semble ainsi définir la psychose. L'accroissement de l'estime de soi, du sentiment de suffisance et le détachement du monde vont bien dans ce sens. Par contre du point de vue des fonctions du « moi », instance chargée des relations avec la réalité (P. Federn, V. Tausk), la schizophrénie montre une insuffisance ou fragilité du « moi », un défaut de ses limites.

Celui-ci ne se constituerait pas, comme instance refoulante de l'inconscient et comme agent de la relation avec la réalité. Le schizophrène régresserait vers une indistinction de soi et de l'objet, caractérisant les premières expériences du bébé (P.-C. Racamier). Il serait avec autrui dans une relation « préobjectale », et non dans une relation « objectale » ou de complémentarité supposant une distinction nette de soi et de l'objet. De ce fait, l'activité psychique ne peut donner lieu à une conscience de soi unifiée et stable dans le temps, à une « identification » des pensées et représentations comme produits du fonctionnement mental du sujet, et dans lesquelles ce sujet pourrait se reconnaître. La continuité du monde comme de la pensée est précaire.

Ce second point de vue amène à définir le narcissisme non plus seulement par l'investissement du moi au détriment des objets, de manière quantitative, mais comme une fonction psychique assurant la représentation consciente ou inconsciente de soi, la distinction de soi et de l'objet (ou d'autrui), qui est perturbée chez le schizophrène. C'est alors la modalité de représentation du « soi », et l'expérience de la relation avec l'objet distinct du soi, qui sont en question ; plutôt qu'un déséquilibre quantitatif entre investissement d'objet et investissement du « moi ». La relation à l'autre ou à l'objet est en fait toujours présente, mais elle peut prendre diverses formes, être représentée différemment. Soit une différence est marquée, dans une relation de soi avec l'objet ; soit il y a confusion, indistinction du soi et de l'objet.

La constitution d'une représentation de soi est liée au mécanisme d'identification. Différentes données tendent à confirmer que la représentation unifiée de « soi » (consciente ou inconsciente) se constitue à partir de celle d'autrui, sur un mode spéculaire : je me reconnais dans l'autre. Le « moi » garderait la marque de cette organisation spéculaire, et serait structuré sur le modèle de la relation à l'autre, résulterait d'une forme de relation à des représentations élémentaires. La représentation de soi pourrait ainsi varier de la même manière que la relation avec les objets, entre les deux pôles de la distinction ou de la confusion.

Pour une première forme d'identification à l'autre, archaïque ou « primaire », mimétique, le sujet est littéralement l'autre, sans qu'une distinction soit marquée. Il y aurait indistinction, confusion. Pour une seconde modalité d'identification, nécessaire à la constitution du moi différencié, le sujet est alors non pas l'autre (ou l'objet), mais « comme » l'autre : une différence est marquée.

On peut donc distinguer une forme de représentation de soi inhérente à toute représentation mentale, à tout acte de pensée, témoignant d'identifications primaires à autrui, où sujet et objet, soi et autre sont confondus ; et pour un autre mode de fonctionnement psychique, la constitution d'une représentation de soi unifiée et distincte d'autrui, par l'établissement d'une identification, impliquant une sorte de relation à soi-même, une re-présentation de soi. Cette identification correspond au mode de pensée pour lequel les objets sont représentés distincts de soi, et correspond à « l'investissement » de la réalité (libido d'objet). Elle serait perturbée chez le schizophrène, altérant la constitution d'un « moi » distinct, mais aussi la représentation du monde. Les troubles de la représentation d'un moi individuel, et des objets de la « réalité », sont interdépendants.

Nous retrouvons donc ici sous un autre aspect l'opposition entre pensée primaire hallucinatoire, correspondant au désinvestissement de la réalité, et pensée secondaire obéissant au principe de réalité. Mais ici ces modes de pensée engagent chacun des modes différents d'expérience de soi (d'identification), et de l'objet (différencié ou indifférencié du soi), pouvant expliquer ensemble les troubles de la représentation de soi et du monde des schizophrènes.

La notion de morcellement schizophrénique du moi ne désigne donc pas le clivage du moi en différentes unités ou « personnalités », mais plutôt le défaut de constitution d'un « moi » unifié et distinct. Une unité individuelle ne peut alors émerger de l'activité psychique : il se produit un morcellement de l'expérience dans les différentes formes élémentaires de l'identification « primaire ». Pour celle-ci le « je » resterait en quelque sorte un autre : les actes mentaux seraient littéralement ceux d'autrui, comme l'expriment l'automatisme mental et les hallucinations, ou le délire. Mais l'identification primaire elle-même pourrait être également altérée, dans une désorganisation profonde ne laissant subsister aucune forme de représentation de soi.

L'expérience subjective de la pensée schizophrénique serait donc différente de l'expérience consciente intentionnelle habituelle. Elle se rapprocherait peut-être partiellement de celle du rêve, qui illustre pour Freud l'influence du mode de pensée inconscient ou primaire. Au cours du sommeil, privé d'informations sensorielles externes, l'appareil psychique retrouve partiellement un mode de pensée primaire : retour à l'hallucination, représentation des désirs sur le mode de l'accomplissement immédiat, désorganisation de la pensée par les « processus primaires » associatifs. Mais il existe aussi dans le rêve une modification du statut du sujet de l'action ou de la pensée, le rêveur ne pouvant plus se reconnaître comme l'agent de la pensée, le témoin de ses actes (sauf lorsqu'il se représente fugitivement qu'il rêve). Il n'a qu'une conscience immédiate des actes qu'il exécute, des scènes qui se succèdent dans une temporalité discontinue ; il ne se représente pas lui-même agissant. Les actes de pensée se succèdent, sans qu'une « conscience de soi », qu'une entité individuelle unitaire émerge pour s'attribuer ces actes.

5. Après Freud

Nous ne pouvons citer ici les nombreux auteurs qui ont étudié la psychose, et prendront seulement deux cas, exemplaires de la diversité des lectures possibles de Freud.

Les travaux de Melanie Klein contribueront particulièrement à la compréhension clinique et donc à la thérapeutique des psychoses. La psychose est reliée aux étapes successives de la structuration psychique de l'enfant. Dans ce développement, le conflit entre les pulsions de vie et de mort, entre amour et haine joue un rôle crucial. Au cours d'une première phase « schizo-paranoïde », les fantasmes agressifs, les mouvements pulsionnels violents dirigés vers l'objet (la mère), sont sources d'angoisse. Ils ne peuvent être attribués à soi mais sont eux mêmes projetés, par un mécanisme de projection ou d'identification projective, sur l'objet qui devient persécuteur. L'objet est ainsi morcelé en « objets partiels », bons ou mauvais. Le sujet n'est alors pas distinct de l'objet (la mère), et le « moi » est également morcelé ou clivé.

La représentation d'un objet total, et corrélativement d'un « moi » unifié, n'est possible que lors d'une seconde phase dite « dépressive » : l'objet devient « un », bon et mauvais en mêmes temps. Dans le même temps, l'unification du « moi » conduit à l'émergence des conflits internes et non plus projetés sur l'objet, et de la culpabilité au lieu de l'angoisse de destruction. L'accès à cette seconde phase est corrélatif de la structuration œdipienne. La psychose témoignerait de son échec, elle exprimerait donc le retour ou la fixation à la phase « schizo-paranoïde » et aux premiers mécanismes de défense. Les contenus de pensée psychotiques, les « fantasmes » qui se manifestent dans le délire, expriment à la fois les conflits entre les mouvements pulsionnels, et le trouble de constitution du soi et de l'objet, la fragilité du moi.

J. Lacan proposera une vision de la psychose très différente, une théorie complexe aux références philosophiques, axée sur la notion de symbole et le rôle du langage. Il définira l'inconscient sur le modèle d'une structure symbolique analogue au langage. Pour Lacan, le symbole ou le signifiant linguistique trouvent leur principe dans la reconnaissance d'autrui et le pacte social. L'acte de langage trouve son complément ou sa réponse chez l'autre à qui il s'adresse, et ce circuit de la parole fonde, au-delà de la communication, la subjectivité elle-même. Le langage repose sur une convention implicite, supposant que le « symbole » représente la même chose pour soi et pour les autres. Il constitue un code commun, établit l'échange avec autrui — et d'abord l'échange du sens. On observe chez le schizophrène une altération de cette portée universelle du symbole et de l'intersubjectivité.

La perturbation schizophrénique du rapport à l'autre est donc inhérente à une anomalie du fonctionnement symbolique, un trouble de la relation avec le « signifiant », également responsable des troubles de la pensée ou du langage, et de la constitution du soi. Pour le schizophrène le signe ne renvoie pas à un référent commun, fixé par le code. Le langage ne s'inscrit plus dans le circuit de la parole, de l'échange avec autrui. Les rapports du signifiant et du sens sont altérés.

Lacan formule une explication structurale de la psychose : un trouble premier de la symbolisation, de la substitution d'un « signifiant » à la chose elle-même. La dynamique de l'œdipe et ses troubles dans la psychose se prêtent ainsi à une lecture reliant fonction paternelle, symbolisation et rôle du langage. Le refoulement et la constitution de l'inconscient peuvent se concevoir sur le modèle de la métaphore, c'est-à-dire de la substitution d'un signifiant à la chose « perdue » (« castration symbolique »). Si le rapport avec le langage est perturbé dans la psychose, c'est du fait d'un défaut premier de représentation du manque, nécessaire pour fonder la représentation symbolique comme telle (le mot est le « meurtre de la chose », rappelle-t-il) et organiser ensuite le jeu de la signification.

Au « refoulement » qui définit le rapport du névrosé avec l'inconscient, Lacan oppose une « forclusion » psychotique. Le langage, conçu comme un ordre ou une structure fondatrice du sens (bien au-delà du langage verbal), ne permet pas chez le psychotique la constitution de l'inconscient comme « autre » ou inconnu en nous, à la fois familier et inassimilable à la conscience ou à l'intentionnalité — ce qu'est l'inconscient psychanalytique pour le sujet névrosé. Dans la psychose, le sujet s'affronte à cette altérité inhérente au langage comme à un « réel » externe. Les hallucinations et l'automatisme mental expriment l'extranéité originelle du langage, l'altérité de « l'ordre symbolique ».Cette définition radicale du symbole ne repose pas sur une analogie entre le signe et la chose, mais sur une substitution du signe à la chose, indépendante de tout rapport de signification préalable, et impliquant l'absence de cette chose. Cette substitution est secondairement productrice de signification, et serait la condition du fonctionnement psychique. L'accès à cette dimension symbolique, celle de la métaphore productrice de sens, et avec elle le statut de la subjectivité, serait perturbé dans la psychose.

Cette perturbation du rapport avec « l'Altérité » s'exprime donc à la fois dans la subjectivité, et par des troubles des relations avec autrui.

IV. PSYCHOPATHOLOGIE ET NEUROSCIENCES : CERVEAU ET PENSÉE SCHIZOPHRÉNIQUE

1. Anomalies cérébrales

Kraepelin puis Bleuler faisaient l'hypothèse d'une cause organique cérébrale de la maladie. La recherche d'anomalies organiques a donné lieu depuis à de nombreux travaux, explorant d'abord l'anatomie du cerveau des malades, puis son fonctionnement.

Des anomalies structurales du cerveau ont tout d'abord été observées par le scanner et l'IRM chez certains schizophrènes : dilatation des ventricules cérébraux, anomalies structurales du cortex temporal (l'hippocampe) et frontal (le cingulum). À un niveau d'observation plus fin, des études histologiques et neuro-anatomiques ont montré chez certains schizophrènes des anomalies discrètes de l'organisation cellulaire dans les régions temporales (le système limbique), frontales, et dans le tronc cérébral. Selon les hypothèses « neurodéveloppementales » (*cf.* plus loin), ces altérations pourraient être le signe d'un trouble du développement cérébral avant la naissance, de la maturation cérébrale. L'hypothèse d'une dégénérescence tardive semble exclue. Le fait que les troubles débutent à l'adolescence conduit à mettre en cause des anomalies de structures cérébrales dont la maturation est tardive, en particulier le cortex préfrontal dorsolatéral.

2. Études neuropsychologiques et cognitives

Ces recherches ont pour ambition de relier les signes de la maladie et le fonctionnement cérébral.

Elles ne portent plus sur l'activité psychique en situation « naturelle », mais dans des conditions expérimentales, reproductibles, dont les paramètres sont contrôlés. Il s'agit d'un tout autre abord du fonctionnement mental que l'approche psychopathologique. Les performances à diverses épreuves sont analysées en termes de qualité et de temps des réponses, et mises en relation avec le fonctionnement du cerveau. Ce choix méthodologique définit un mode spécifique d'observation de l'activité mentale, sans rapport avec l'approche clinique.

L'étude de malades souffrant de lésions cérébrales localisées (la neuropsychologie) a permis d'établir des relations entre le fonctionnement de certaines régions cérébrales et certaines fonctions mentales. Certains tests sont sensibles à l'atteinte de structures spécifiques : une tâche de classement de figures explore les fonctions de sélection de réponses liées aux structures corticales préfrontales ; les fonctions mnésiques dépendent des structures temporale et septo-hippocampique.

De nombreuses hypothèses ont tenté de relier, sur ce modèle, les troubles schizophréniques à des dysfonctionnements cérébraux du cortex temporal et limbique, des structures sous-corticales (troubles moteurs et signes « déficitaires »), et surtout du cortex frontal et préfrontal (entraînant des troubles du contrôle du comportement, de l'attention, mais aussi un « émoussement affectif » évoquant le retrait schizophrénique).

Mais cette approche « localisationniste » montre ses limites. La clinique schizophrénique reste spécifique par rapport aux déficits neurologiques causés par des lésions cérébrales. Elles sont variées et les malades sont difficiles à comparer. Les symptômes (troubles de la pensée, délire, hallucinations) sont trop complexes pour être reliés aux fonctions évaluées par les tests. Les hypothèses corrélant fonctions mentales complexes et mécanismes cérébraux sont encore incertaines. Surtout, une fonction psychologique même simple dépend de l'interconnexion de différentes régions, elles-mêmes mises en jeu dans d'autres fonctions encore. La notion d'une distribution étendue d'activité entre des régions interconnectées remplace celle de localisation, et ne permet pas de relier les troubles schizophréniques à une « lésion ».

Il est finalement apparu difficile de mettre en relation de manière directe les symptômes et le dysfonctionnement de structures cérébrales. Trop complexes et composites, les faits cliniques ne seraient pas eux-mêmes directement compatibles avec le niveau cérébral. Une interface serait nécessaire, représentée par des fonctions psychologiques de base, impliquées dans la production des faits psychologiques complexes (comme les symptômes). Ces fonctions seraient, elles, plus directement compatibles avec le fonctionnement cérébral que les comportements (délire, hallucinations) repérés en clinique. Il faut alors prendre en compte un niveau intermédiaire, dit « cognitif », correspondant aux mécanismes de production de l'activité mentale observable. Il implique des composantes non spécifiques comme la mémoire, l'attention, les mécanismes de préparation et contrôle de l'action motrice, les processus élémentaires de représentation mentale.

Les troubles élémentaires de ces opérations peuvent exprimer des anomalies fonctionnelles des connexions entre les différentes zones cérébrales.

Des recherches étudient chez des schizophrènes, par des tests psychologiques élémentaires, ces fonctions cognitives. Elles montrent des troubles de la perception, de l'attention, de la mémoire, de l'apprentissage, du contrôle de l'action (« fonctions exécutives »). Ceux-ci ne s'observent pas chez tous les malades, et ne sont pas spécifiques de la schizophrénie. Mais des profils d'anomalies communes se dégagent.

Les recherches actuelles ont donc pour objectif de corréler d'abord les symptômes schizophréniques à des anomalies cognitives élémentaires, puis celles-ci à des dysfonctionnements neurobiologiques. La décomposition de la clinique par l'étude cognitive semble être un préalable nécessaire à la mise en relation avec le cerveau.

3. L'imagerie cérébrale

Dans ce domaine, les données issues de l'imagerie « fonctionnelle » sont précieuses. Ces méthodes (PET*, scan, MEG*) permettent de voir fonctionner le cerveau en temps réel, en évaluant l'activité des différentes régions (par la mesure du débit sanguin ou du métabolisme du glucose) au cours d'une tâche ou d'une opération de pensée précise : représentation mentale, calcul, résolution de problèmes. On peut ainsi corréler l'activité cérébrale observée et l'exercice d'une fonction mentale. Ces études rencontrent en psychiatrie des difficultés méthodologiques, et leurs résultats ne sont ni spécifiques, ni constants. Cependant elles convergent sur certains points et suscitent des hypothèses intéressantes.

Plusieurs études ont constaté chez des schizophrènes un défaut d'activation du cortex frontal à l'état basal, et surtout du cortex préfrontal dorso-latéral au cours de l'exécution de certaines épreuves qui provoquent dans cette région, chez des sujets normaux, une nette activation. Des troubles ont aussi été observés dans les régions sous-corticales, qui interagissent de manière complexe, par inhibitions réciproques, avec les régions corticales. D'autres études montrent des anomalies fonctionnelles des zones pariétales et temporales, mises en jeu plus spécifiquement au cours d'épreuves de mémoire. D'une part, ces troubles toucheraient donc des régions corticales associatives spécifiquement développées chez l'homme, en particulier le cortex frontal dont le rôle est complexe. D'autre part, l'interaction fonctionnelle entre ces zones et les structures sous-corticales serait perturbée.

Le cortex préfrontal est impliqué dans la planification et l'organisation temporelle de l'action, c'est-à-dire la mise en œuvre, à partir de l'analyse d'une situation et de données « internes », des différentes étapes successives du « programme » d'un comportement moteur complexe, composé à partir de procédures stockées en mémoire. À chaque étape ce comportement est contrôlé, c'est-à-dire ajusté en fonction de son but d'une part, et des données perceptives (la situation) d'autre part. Un écart entre but et réalité conduit à corriger l'acte ou à l'interrompre au profit d'un autre plan.

Le cortex frontal interviendrait dans l'initiation intentionnelle des actions, puis la supervision du comportement contrôlé, non routinier, quand une situation nouvelle impose l'élaboration et l'exécution d'une stratégie adaptée en fonction d'un contexte — situations expérimentales pour lesquelles les schizophrènes sont le plus en difficulté. Il assurerait aussi par conséquent l'inhibition des actions « automatiques » (réflexes) induites directement par le milieu.

Inversement, les structures sous-corticales seraient impliquées dans le stockage et l'exécution des procédures motrices, et dans la sélection des actions induites directement par les stimuli perceptifs, selon un mode d'action plus « automatique ». Des interactions complexes s'instaurent donc entre structures corticales et sous-corticales d'une part, et entre données perceptives et mémoire d'autre part, lors de l'initiation, de la planification et du contrôle d'une action. La pensée et le langage sont ici intégrés au cadre général de « l'action ».

Selon C. Frith, une perturbation de la fonction préfrontale initiatrice de l'action, donc un trouble de l'initiation intentionnelle volontaire de l'acte, serait à l'origine des symptômes schizophréniques « négatifs » à type de réduction de l'activité. Les actions automatiques, déclenchées en réponse directe au milieu, seraient par contre désinhibées. Les autres symptômes (hallucinations, délire) exprimeraient une altération des connexions entre le cortex préfrontal, lié à l'initiation intentionnelle, et d'autres régions mises en jeu dans l'exécution du comportement. Il en résulterait une dissociation entre l'acte et son « intention », perturbant la « conscience de soi ».

Pour J. Gray, la symptomatologie « positive » témoigne d'un trouble des connexions entre les structures sous-corticales. Elles assureraient un rôle de « comparateur », chargé de contrôler l'action et confrontant les anticipations (but attendu, plan d'action) et les données perceptives (réalité de la situation et effets de l'acte entrepris). Les connexions entre ces deux structures seraient chargées de contrôler l'action en fonction des données de la comparaison. Les troubles schizophréniques témoigneraient d'une perturbation de ces connexions, empêchant le comparateur d'agir sur le contrôle de l'action.

Retenons que les hypothèses cérébrales sont aujourd'hui formulées dans un cadre intégratif qui insiste sur les interactions fonctionnelles entre les zones cérébrales interconnectées. Un dysfonctionnement localisé ne suppose pas forcément une altération organique causale, une « lésion » : la perturbation du circuit d'initiation et de régulation de l'action peut être « fonctionnelle ».

Les problèmes méthodologiques et conceptuels restent importants, et ces modèles spéculatifs sont discutés. La clinique schizophrénique apparaît en tout cas particulièrement apte à mettre en question les théories générales de l'action, elles-mêmes en permanent remaniement.

4. Aspects neurobiologiques

La psychiatrie dite « biologique » s'est appuyée sur les avancées des neurosciences, pour proposer diverses hypothèses de dysfonctionnement biochimique et neuronal. Surtout, on découvrit en 1952 que des médicaments, les neuroleptiques, pouvaient réduire de manière spectaculaire les troubles psychotiques, délire et hallucinations ; alors que certaines substances dites « hallucinogènes » provoquent expérimentalement chez n'importe quel sujet des troubles jugés analogues à certains symptômes schizophréniques. Il était donc tentant de supposer que les mécanismes biologiques cérébraux, au niveau desquels agissent ces substances, étaient responsables de la maladie, ou du moins étaient en cause dans la production de certains symptômes.

On sait que les cellules nerveuses cérébrales, les neurones, forment des voies en se connectant les unes aux autres, grâce à des zones de contact appelées « synapses ». La transmission de l'influx nerveux dans les synapses est due à des molécules fabriquées par le neurone, les neurotransmetteurs. Or les neuroleptiques ont pour effet biologique de diminuer la transmission dans certaines synapses, donc certaines voies neuronales cérébrales, dites « dopaminergiques » car le médiateur en est la dopamine. Inversement les hallucinogènes augmentent cette même transmission. D'où une première hypothèse « simple » selon laquelle les symptômes schizophréniques résulteraient d'une hyperactivité des neurones dopaminergique.

Elle n'est plus retenue actuellement sous cette forme, mais les neurones dopaminergique restent (avec d'autres) mis en cause. Ils appartiennent à un système particulier, les neurones mono-aminergiques (dont les médiateurs sont la dopamine, la sérotonine, la noradrénaline), auxquels est attribuée une fonction de modulation ou de contrôle de l'activité cérébrale. Ils constituent en effet dans le cerveau des systèmes particuliers qui se projettent (c'est-à-dire se connectent), à partir du tronc cérébral dont ils sont issus, sur de nombreuses régions dont ils modulent l'activité. Les voies dopaminergiques se projettent plus particulièrement sur deux régions dont le dysfonctionnement est mis en cause dans la schizophrénie : le cortex temporo-limbique (impliqué dans la mémoire et les émotions) et le cortex préfrontal (impliqué dans l'organisation du comportement).

Les voies dopaminergique qui se projettent sur le cortex seraient particulièrement activées quand le sujet focalise son attention (attention « sélective ») sur un événement ayant pour lui une signification particulière, puis lors de la sélection et préparation d'une réponse adaptée à cet événement. Le contrôle et l'organisation temporelle du comportement, la focalisation de l'attention, le maintien en mémoire « à court terme » d'informations nécessaires à l'exécution d'une tâche, sont des fonctions complexes attribuées à l'activité du cortex préfrontal, mais dépendantes d'un contrôle de celui-ci par l'innervation dopaminergique.

Ces fonctions sont particulièrement perturbées chez les schizophrènes. On a montré par ailleurs chez certains patients une hypodopaminergie frontale et préfrontale, mais aussi une hyperactivation dopaminergique dans des structures sous-corticales (le système limbique). D'où l'hypothèse d'un trouble de l'équilibre fonctionnel entre activité cérébrale corticale et sous-corticale, c'est-à-dire entre deux modes différents de traitements des informations par le cerveau. Cet équilibre dépendrait d'une régulation normalement opérée par les voies dopaminergiques, qui ici serait perturbée. Mais ce trouble met lui-même en cause d'autres neuromédiateurs et d'autres systèmes neuronaux (J.-P. Tassin). On pense que les neuroleptiques, qui réduisent les troubles cliniques, restaureraient cet équilibre en bloquant la transmission dopaminergique sous-corticale (système limbique), au profit des structures corticales (cortex préfrontal).

5. Modèles étiologiques

Les recherches scientifiques se consacrent aussi aux causes de la maladie, dans le but d'en permettre un traitement plus efficace, et une prévention. L'hypothèse d'une causalité « psychologique » (« psychogenèse ») de la psychose suppose des traumatismes ou des facteurs relationnels précoces, responsables d'un trouble de l'organisation psychique. Elle a longtemps été opposée aux hypothèses biologiques (« organogenèse ») mettant en cause une anomalie organique, primitive ou acquise. Certaines théories (G. Bateson) ont proposé à une époque d'expliquer la schizophrénie hors du cadre de la psychopathologie, par des facteurs sociaux ou familiaux et en particulier un mode de communication intrafamilial particulier fondé sur le paradoxe ou les « doubles contraintes ».

Dans tous les cas, les tentatives d'explication causale simples (qu'elles incriminent exclusivement les attitudes parentales ou une cause biologique génétique) ne peuvent être retenues.

Actuellement on évoque une étiologie « multifactorielle » impliquant, dans la survenue de la maladie, la combinaison de différents facteurs d'environnement (biologiques, psychologiques, affectifs, relationnels et sociaux), et de facteurs constitutionnels notamment génétiques. L'apparition de la maladie nécessiterait l'interaction de ces facteurs environnementaux et d'une vulnérabilité ou « fragilité » génétique.

Le modèle dit « stress-vulnérabilité » suggère ainsi que le déclenchement des troubles est causé par le stress généré par des événements de vie, interagissant avec une vulnérabilité sous-jacente elle-même à la fois génétiquement et environnementalement déterminée. Diverses anomalies cognitives (touchant notamment l'attention et la perception) sont considérées comme des indicateurs ou « marqueurs » de cette vulnérabilité à la schizophrénie. Ces « marqueurs » cognitifs sont retrouvés à la fois chez les sujets schizophrènes et chez les sujets porteurs de la vulnérabilité mais non malades, en particulier les apparentés des patients.

La notion de vulnérabilité génétique est née du constat que la maladie était plus fréquente dans certaines familles, mais sans qu'il soit possible de définir aujourd'hui encore de manière précise les anomalies génétiques en cause.

Les études épidémiologiques, les études d'agrégation familiale des cas de schizophrénie, les études de concordance chez les jumeaux et les études d'adoption ont en effet apporté des arguments forts en faveur de l'existence de facteurs génétiques. Toutefois, les recherches de gènes candidats se sont révélées décevantes et il est maintenant clair que la schizophrénie ne peut être considérée comme liée à un seul gène, et que plusieurs gènes sont impliqués dans son développement. Les études de jumeaux ont apporté non seulement des arguments en faveur des facteurs génétiques, mais elles ont démontré en même temps l'importance des facteurs environnementaux. En effet, chez les jumeaux monozygotes discordants pour le diagnostic de schizophrénie, les jumeaux monozygotes sains transmettent le risque à leurs enfants comme les jumeaux atteints, mais par ailleurs les jumeaux atteints ont des ventricules cérébraux plus volumineux et moins de substance grise au niveau des lobes temporaux que les jumeaux sains. Ces résultats montrent que des facteurs autres que génétiques, donc environnementaux, sont impliqués. Rappelons enfin que les schizophrénies surviennent en majorité chez des sujets indemnes d'antécédents familiaux.

Ces hypothèses restent en débat, mais se dessine un type de causalité partagé par d'autres troubles mentaux, qui intrique étroitement et de manière complexe facteurs génétiques et environnement. En effet, si le risque de maladie et le déclenchement des troubles semblent dépendre de l'impact de facteurs environnementaux aujourd'hui repérés (effets de facteurs variés dès la vie embryonnaire, événements de vie précoces ou tardifs, prise de toxiques, etc.), cet impact dépendrait lui-même de gênes qui modulent la sensibilité aux facteurs environnementaux. Ainsi, la notion de déterminisme génétique, loin de réduire l'importance des facteurs environnementaux, invite à mieux en comprendre le rôle, et laisse ainsi une place essentielle à l'action sur l'environnement autant pour la prévention que pour le traitement de la maladie.

6. L'hypothèse neurodévelopementale

Selon les hypothèses « neurodéveloppementales », la schizophrénie serait due à un trouble du développement cérébral avant la naissance, altérant certaines structures. Le fait que les troubles débutent à l'adolescence conduit à mettre en cause des anomalies de structures cérébrales dont la maturation est tardive, en particulier le cortex préfrontal dorsolatéral.

L'hypothèse neurodéveloppementale tire sa pertinence de la convergence d'arguments de plusieurs ordres selon lesquels :

- il existe des anomalies cérébrales chez les patients, et ces anomalies ne sont pas ou peu évolutives et sont compatibles avec une altération précoce du développement ; la gestation et la naissance des patients sont marquées par des particularités ;

- l'enfance des futurs schizophrènes n'est souvent pas exempte de toute difficulté ;

- enfin les processus de maturation cérébrale se prolongent jusqu'à l'adolescence, période à laquelle commencent généralement les troubles.

Les arguments les plus forts proviennent de la neuro-anatomopathologie. En effet, les études cyto-architecturales ont mis en évidence des neurones mal situés, de taille anormale et désorganisés dans le cortex cérébral des schizophrènes. De telles anomalies sont difficiles à expliquer hors de l'hypothèse neurodéveloppementale, étant donné qu'elles suggèrent une migration neuronale anormale durant le deuxième trimestre de la grossesse.

Les anomalies pourraient préexister tout en restant latentes jusqu'à ce que les processus de maturation cérébrale et psychique mis en œuvre à l'adolescence les dévoilent. Certaines aires corticales sont en effet sollicitées de manière variable durant l'enfance puis l'adolescence. Une augmentation importante à l'adolescence de la charge fonctionnelle des structures frontales et préfrontales en particulier, dont dépendent de nombreuses capacités mentales de haut niveau nécessaires à la vie sociale et dont on a montré le dysfonctionnement chez des sujets schizophrènes, pourrait ainsi être l'un des mécanismes de la décompensation schizophrénique, cette surcharge fonctionnelle révélant les altérations préexistantes mais jusque-là silencieuses. On sait de plus que la myélinisation des circuits cérébraux, en particulier au niveau de l'hippocampe, se prolonge jusqu'à l'adolescence. Ceci pourrait expliquer comment une anomalie touchant très tôt cette zone pourrait ne s'exprimer qu'à cet âge. Cependant aucune cause précise n'a pu être formellement associée à ce trouble hypothétique du neurodéveloppement et, par ailleurs, l'entrée dans la schizophrénie est probablement due à la conjonction de plusieurs facteurs, organiques et psychologiques. Les anomalies du neurodéveloppement, qu'elles soient de cause génétique ou épigénétique, rendraient les individus touchés plus fragiles, les mettant ainsi à la merci de l'action des sollicitations psychologiques subies par l'adolescent ou l'adulte jeune.

C'est encore aujourd'hui l'hypothèse dominante, même si on tend actuellement à la nuancer. On considère en effet qu'elle ne s'applique pas forcément à tous les patients schizophrènes et en particulier pas à ceux qui n'ont aucune anomalie morphologique. Par ailleurs, il faut intégrer les données en faveur de l'évolutivité de certaines anomalies cérébrales, ce qui pourrait se faire en considérant que des processus neurodéveloppementaux et neurodégénératifs coexistent, voire en parlant de trouble neurodéveloppemental progressif. On sait par ailleurs qu'après une augmentation durant l'enfance, la densité synaptique préfrontale diminue au cours de l'adolescence et à l'âge adulte. Ce processus d'élimination des synapses est normalement mis en œuvre pour éliminer les connexions inutiles. Une anomalie de ce processus pourrait compléter et éventuellement être une des conséquences tardives du trouble du neurodéveloppement et pourrait participer à l'apparition des symptômes positifs lors de l'entrée dans la schizophrénie à l'âge adulte. Enfin, il faut également prendre en compte la possibilité de troubles de la connectivité cérébrale.

L'intérêt de l'hypothèse neurodéveloppementale n'est pas d'éclairer avec précision les mécanismes sous-jacents à la symptomatologie, ni ceux du déclenchement de la maladie, mais de proposer une intégration d'un ensemble de données hétérogènes d'une manière nécessairement réductrice, et ce pour une pathologie d'une grande complexité. Il resterait à articuler cette hypothèse avec le modèle de la « vulnérabilité » schizophrénique, ainsi qu'avec l'étude des transformations neurobiologiques et psychologiques liées à l'adolescence, selon une perspective complémentaire de l'approche clinique. Son intérêt est enfin d'éclairer la nature développementale de la schizophrénie, dont la clinique et les mécanismes ne peuvent sans doute être comprise sans une meilleure connaissance du développement neurobiologique et psychologique.

7. L'enfance du futur schizophrène

Si la schizophrénie est la conséquence d'une anomalie du développement cérébral, on peut logiquement rechercher l'existence de troubles précédant l'entrée dans la maladie avérée. Plusieurs lignes de recherche, surtout rétrospectives, ont été conduites dans ce domaine. Il a été rapporté que les futurs schizophrènes ont une incidence plus élevée que les autres enfants d'anomalies du développement moteur et intellectuel, ou de troubles psychopathologiques banals de l'enfance. On a également observé chez eux des troubles précoces du comportement, et notamment social et de la communication. Leurs performances scolaires semblent également moins bonnes que celles des autres enfants. Enfin trois quarts de ces enfants auraient des « signes neurologiques mineurs ».

Ces études, quoiqu'elles puissent être sujettes à d'autres interprétations, sont compatibles avec la notion d'un neurodéveloppement anormal responsable de troubles infracliniques discrets. Ceci invite à la recherche de marqueurs de risque qui permettraient d'identifier précocement les enfants à risque élevé de développement d'une schizophrénie. Cependant, nous l'avons vu, les manifestations de ce qui pourrait dès lors être considéré comme une prémorbidité chez l'enfant (signes de léger retard développemental, manifestations psychopathologiques diverses et banales, difficultés d'adaptation sociale et scolaire, etc.) restent trop peu spécifiques aujourd'hui pour avoir de l'intérêt dans une perspective de prévention, ces anomalies étant fréquentes alors que la survenue de la maladie est rare. De plus, de nombreux enfants amenés à développer ultérieurement une schizophrénie ont présenté un haut niveau de fonctionnement social, académique et occupationnel. On peut donc conclure qu'une partie des enfants qui se révéleront ultérieurement schizophrènes est susceptible de souffrir de divers troubles fonctionnels mineurs pendant les années précédant le début de la maladie et c'est pour ce sous-groupe de patients qu'on peut incriminer un trouble neurodéveloppemental.

Nous ne traiterons pas ici de la schizophrénie infantile, pathologie rare. En revanche, on peut observer parfois chez l'enfant des phénomènes hallucinatoires, syndrome d'influence et expériences de persécution analogues à ceux de l'adulte, mais seulement une partie de ces enfants développent ultérieurement une pathologie psychotique, et il semble que ces troubles participent seulement au déclenchement de la maladie. Il est donc difficile aujourd'hui de parler de « prémorbidité » et de prévenir la pathologie, compte tenu du devenir variable des enfants présentant des expériences psychotiques, et du peu de spécificité des troubles présents le plus souvent chez les enfants qui développeront une schizophrénie. En revanche, le repérage de ces symptômes peut dans certains contextes permettre de définir des enfants « à risque », justifiant une surveillance ou une prise en charge. Mais les efforts principaux sont sans doute à développer dans le champ du diagnostic précoce chez l'adolescent, grâce au dépistage des premiers signes clinique voire des prodromes.

V. POUR UNE PSYCHOPATHOLOGIE PLURALISTE

Ces dernières années ont vu se multiplier les études descriptives, du fait des difficultés du diagnostic et de la définition de la maladie. Les classifications modernes (comme le *DSM-IV**) répartissent les signes de la schizophrénie selon deux pôles, en symptômes « positifs » ou « productifs » (délire, hallucinations), et « négatifs » d'aspect « déficitaire » (perte de la logique, pauvreté affective, retrait relationnel). Elles proposent des critères diagnostiques, distinguent ainsi différentes évolutions et formes de la maladie, dont la multiplicité menace finalement la notion de schizophrénie elle-même.

Ces recherches classent et évaluent les symptômes, mais ne prétendent pas en expliquer la production.

Les troubles de la pensée, de la relation ou du « contact avec la réalité » sont des notions cliniques : elles rendent compte d'une expérience, de la relation avec le patient. Elles sont fondamentales pour reconnaître la pathologie et pour la traiter. La psychanalyse, qui exploite une méthode spécifique, propose un mode de compréhension de ces troubles, ouvert sur une pratique thérapeutique. Il a été par contre difficile, pour la recherche « scientifique » objective, de proposer des modèles psychologiques explicatifs des symptômes psychotiques, par exemple la dissociation, du fait de son manque de spécificité et de ses difficultés d'évaluation objective. Surtout, la recherche scientifique ne dispose que depuis relativement peu de temps d'un cadre d'étude, les sciences cognitives, permettant l'abord des faits psychiques et leur mise en relation avec le fonctionnement cérébral.

L'étude psychanalytique des processus de pensée et de l'activité psychique dans la schizophrénie s'est développée selon une perspective spécifique ; le plus souvent sans référence aux données des neurosciences qui, à leur tour, explorent le fonctionnement du cerveau et tentent de comprendre les mécanismes biologiques de cette pathologie, en s'appuyant par exemple sur l'effet des médicaments. Un écart s'est ainsi creusé entre une psychiatrie référée au cerveau, et l'étude psychanalytique ou psychopathologique.

Point de convergence de ces diverses approches, la schizophrénie met en question leur écart.

Deux points retiendront notre attention : tout d'abord, le problème de l'articulation entre elles des données neurobiologiques et psychologiques, du cerveau et de la pensée ; ensuite, la diversité des modes de description (psychanalytique, psychologique expérimental ou neuropsychologique) propres au champ psychologique lui-même. Nous verrons alors comment les modèles issus des sciences cognitives peuvent aider à comprendre ces relations.Parcourant le champ des recherches sur la schizophrénie, nous avons abordé des domaines aussi divers que la psychanalyse, la psychologie expérimentale, la neuropsychologie, la neurobiologie. Comment comprendre la diversité de ces données ? Ces explications hétérogènes sont-elles contradictoires ou complémentaires ? En se laissant décrire sous ces différents points de vue, en confrontant ces approches et les théories qui les sous-tendent, la schizophrénie pose de manière exemplaire le problème de l'approche scientifique du psychisme par la psychiatrie contemporaine.

1. Pensée schizophrénique et cerveau

La relation entre faits biologiques et psychologiques, cerveau et pensée, est mise en question par les données de l'exploration du cerveau des schizophrènes. Elle l'est aussi par le fait que des médicaments, qui agissent sur le fonctionnement cérébral, puissent modifier l'activité mentale, réduire les hallucinations. On peut interpréter cette action en considérant que les événements cérébraux sont primitifs, et causent les troubles psychiques. Les médicaments agiraient alors sur les « causes » biologiques de la maladie. Mais on peut aussi supposer inversement que les événements cérébraux témoignent d'un mode particulier de fonctionnement mental. Les relations entre faits neurobiologiques et psychologiques sont alors réciproques : si un fait biologique peut s'exprimer au niveau psychologique, on peut aussi supposer qu'un fait psychologique puisse modifier le substrat biologique.

Mais même si l'on accepte cette interaction, la nature des rapports entre des faits de nature différente pose en psychiatrie un problème fondamental. En effet, l'activité psychique obéit à une causalité propre. L'explication psychanalytique repose sur la notion d'un constant déterminisme psychique, excluant le hasard du cours de l'activité mentale. Les contenus mentaux (y compris les plus incohérents comme ceux des schizophrènes) s'enchaîneraient ou se détermineraient en fonction de liens d'implication, visibles ou masqués.

Toute action, toute pensée, ou « acte mental », serait dotée d'un sens ou d'une « intention », exprimerait une intentionnalité (c'est-à-dire un motif) consciente ou non. Par exemple, un délire exprimerait une représentation inconsciente de désir. Il existerait ainsi une « intentionnalité » de la schizophrénie ou de ses symptômes. La notion d'intentionnalité exprime le fait que la maladie aurait un « sens » c'est-à-dire une logique propre. Il ne s'agit bien sûr pas d'une intention ou volonté du patient de délirer, mais d'une nécessité qui s'impose au sujet. Délire ou hallucinations ont une fonction qui se manifeste par la force de la conviction délirante, parfois par l'attachement affectif du patient à ses « voix ». Ces troubles satisfont des exigences internes (pulsion ou désir), ou expriment une tentative de reconstitution de la relation avec la réalité.

Cette lecture est trop souvent opposée à un certain type d'explications « biologiques », selon lesquelles la maladie serait l'expression d'un déficit de fonctions psychiques complexes, dû à une « lésion » organique primitive. Or la conduite à adopter face au malade, dans une relation thérapeutique, diffère radicalement selon que l'on donne un sens au symptôme et qu'on le considère comme porteur d'intentionnalité ou comme un simple déficit. Par le passé, tenants d'une psychogenèse et d'une « organogenèse » de la schizophrénie se sont affrontés dans des débats passionnés, engageant les techniques thérapeutiques. Pourtant, Bleuler lui-même ménageait, nous l'avons vu, une double explication : nature organique du processus cause de la « dissociation », causalité psychologique des symptômes témoignant des « complexes affectifs ». S'il retenait une cause organique primitive, il en limitait donc la portée explicative. En fait, il est indispensable de recourir à plusieurs causalités parallèles et distinctes pour comprendre les faits psychopathologiques.

L'opposition entre causalité biologique et causalité psychique de la maladie n'est plus d'actualité parce que référence au sens et prise en compte du biologique ne s'excluent pas. La notion d'étiologie pluri-factorielle, impliquant la conjonction de facteurs intrinsèques et d'environnements, suppose une coexistence de causalités distinctes de la maladie. Cependant, elle ne traite pas le problème fondamental du rapport entre fonctionnement cérébral et psychisme. La question est de savoir si on est autorisé à établir entre ces deux ordres de faits des relations de causalité, expliquant un fait psychologique par un fait biologique — ou l'inverse ; ou si l'on peut seulement montrer des corrélations entre niveaux de description biologique et psychologique obéissant à des causalités de nature différente. Selon ce dernier point de vue, les faits cérébraux correspondent à un mode particulier d'observation du fonctionnement cérébral, complémentaire des descriptions psychologiques. Ils sont corrélés à celles-ci, sans qu'il soit possible de conférer à eux seuls un rôle causal ou explicatif des faits psychologiques. On parlera alors de mécanismes cérébraux de la pensée (ou de ses troubles dans la schizophrénie), et non de causes cérébrales de la pensée, mécanismes sur lesquels agissent les médicaments psychotropes.

L'avantage de ce raisonnement est d'éviter le réductionnisme, qui consiste à méconnaître la spécificité d'un niveau d'observation, dont les logiques sont directement assimilées à celles d'un niveau différent. Il est pourtant impossible de mettre en relation directe deux dimensions aussi hétérogènes que le niveau d'explication cérébral et le niveau d'explication mental.

Par exemple, l'hyperactivité dopaminergique ne peut « expliquer » le délire. Le délire est défini par un système conceptuel, c'est en fait un objet psychologique complexe qui repose sur les notions de croyance, de subjectivité et de jugement de réalité. Ce niveau d'explication est différent du niveau d'explication biologique où joue le mécanisme dopaminergique. Il en va de même pour la dissociation de la pensée, qui malgré son apparente simplicité ne peut être « expliquée » par une désorganisation du fonctionnement cérébral, par une activité neuronale aléatoire. À chaque fois l'« explication » tend en fait à confondre deux logiques explicatives ou causales distinctes, l'une propre au biologique, l'autre au psychologique. Le fait que les neuroleptiques, qui modifient la transmission dopaminergique, réduisent le délire et les symptômes, n'implique pas que l'explication psychologique des symptômes soit fausse, ni qu'elle soit réductible à une explication biologique.

On ne doit donc pas confondre les constructions complexes — qu'elles soient psychologiques ou biologiques — qui servent à rendre compte du réel, avec des objets naturels. Il faut dès lors être attentif aux articulations entre les systèmes d'explication causales différents, c'est-à-dire entre les différents niveaux d'observation de l'objet. Un niveau n'explique pas l'autre, car les deux termes mis en relation relèvent chacun de logiques explicatives distinctes.

À l'évidence trompeuse d'un ensemble d'objets naturels différents, psychologiques ou biologiques, qu'il suffirait de relier entre eux par des relations de cause à effet, il faut préférer l'hypothèse d'un même objet — le fonctionnement psychique — appréhendé à différents niveaux d'observation, avec pour chacun des logiques explicatives différentes et irréductibles les unes aux autres.

Nous pouvons donc concevoir une corrélation entre faits neurobiologiques et faits psychiques, mais aussi une distinction nette des logiques explicatives propres à chaque niveau. Mécanismes psychiques et biologiques du fonctionnement mental sont irréductibles les uns aux autres. Il n'y aurait donc pas contradiction entre l'interprétation psychologique des symptômes et l'étude du fonctionnement cérébral, mais complémentarité des approches. La question n'est plus d'opposer logiques cérébrales et logiques psychologiques, mécanismes biologiques et dimension du sens, mais de comprendre comment le cerveau, l'organisation neurobiologique, produit (et non pas : cause) la pensée et l'ordre psychologique — sans réduire la complexité de celui-ci et sans méconnaître sa spécificité.

2. Les troubles de la pensée : du sens aux mécanismes

L'étude de l'activité psychique dans les schizophrénies rencontre un second problème lorsqu'elle veut décrire et expliquer les anomalies de la pensée. Nous avons en effet abordé trois modes d'analyse bien distincts : clinique, psychanalytique et l'approche expérimentale de la neuropsychologie. Là encore, comment comprendre cette diversité ?

L'approche clinique décrit les troubles du point de vue de l'observation naturelle (l'incohérence du discours, la discordance). Elle est surtout descriptive et repère des « symptômes », c'est-à-dire des faits ou comportements complexes (un acte, une croyance). Certes, elle prétend aussi avoir une portée explicative, quand elle réfère un acte à une intention ou à un désir. Mais elle constitue d'abord un mode de compréhension, donnant sens aux actes et pensées du sujet selon les logiques de la « psychologie populaire ». On ne peut dissocier l'approche clinique de son cadre : la relation intersubjective avec le malade.

La psychanalyse, en révélant des intentions inconscientes, enrichit cette lecture du sens, ouvre le champ de la compréhension au-delà des limites de l'échange ordinaire. Ce faisant, Freud démontre qu'un « symptôme » psychique, malgré son absurdité, reste cependant une action motivée, exprime une intention cachée qu'il est possible de retrouver ou reconstruire. La pensée schizophrénique se prête à cette lecture et gagne ainsi une forme de logique. Comme le rêve, elle exprimerait de manière apparemment absurde (mais plus crûment encore) les motifs inconscients qui gouvernent le psychique. Le non-sens serait en fait un « excès de sens ». L'enjeu de cette lecture est thérapeutique : comprendre pour soigner, en relançant une dynamique intersubjective spécifique de pensée et de langage dans l'échange avec le patient, qui repose elle-même sur l'attribution de sens.

Mais dans le même temps où elle théorise cette pratique, la psychanalyse définit aussi un autre champ, qui se veut plus « explicatif » que « compréhensif », en faisant l'hypothèse d'un « appareil psychique » et d'opérations mentales inobservables. La pensée psychotique est alors caractérisée par des mécanismes particuliers, qui aboutissent à l'hallucination ou au délire. D'un point de vue qu'il appelle « métapsychologique », Freud décrit ces mécanismes et relie les troubles schizophréniques à un mode de pensée spécifique, proche de la pensée « inconsciente » ou « primaire », ou aux aléas de l'investissement de la réalité par la « libido ». La pensée schizophrénique n'est plus alors spécifiée par ses motifs (comme tout acte mental elle exprime des désirs inconscients), mais par la nature même de l'activité psychique ou de « pensée ». Il ne s'agit plus du « pourquoi », mais du « comment ». La prédominance du mode « primaire » aboutit à une altération élémentaire de l'activité de représentation mentale ou de langage, et à un trouble de représentation de la réalité et de « soi ». La théorie métapsychologique définit ainsi l'organisation d'un fonctionnement psychique inaccessible à l'observation classique ou à l'introspection, pour y repérer les mécanismes de la pensée schizophrénique. Les modèles freudiens de « l'appareil psychique » gardent donc une portée naturaliste, particulièrement lorsque Freud tente de définir des mécanismes explicatifs de la psychose (projection, processus de pensée primaire, retrait d'investissement libidinal). Il quitte alors le champ de l'intentionnalité, de l'interprétation, de la théorisation de la pratique psychanalytique.

Freud n'abandonne donc pas l'objectif naturaliste, celui des sciences cognitives contemporaines. Mais, privé de méthodes et de modèles scientifiques suffisamment élaborés du cerveau et du fonctionnement mental, il est contraint de procéder seulement par hypothèses théoriques, inférées à partir de ses observations cliniques, et dépendantes de la méthode psychanalytique. C'est pourquoi ces hypothèses apparaissent aujourd'hui plus cliniques que fondamentales : elles décrivent des faits psychologiques complexes, des modes de pensée ou d'action et leurs anomalies, qui doivent à leur tour être expliqués par une psychologie scientifique élémentaire s'appuyant sur les méthodes expérimentales et objectives des neurosciences cognitives. D'une certaine manière, la théorie psychanalytique reste en attente d'explications psychologiques fondamentales, et de ce fait est compatible avec les sciences de l'esprit contemporaines qui peuvent approfondir la nature des objets décrits par la psychanalyse. La place et le rôle de la théorie psychanalytique (surtout de la métapsychologie), dans le mouvement des sciences naturelles de l'esprit contemporaines, restent ainsi l'objet d'un débat.

Enfin, l'étude expérimentale neuropsychologique des fonctions mentales, dans un but de recherche fondamentale, constitue une autre forme d'analyse explicative, reposant sur des perspectives différentes. Il s'agit alors d'étudier objectivement dans un cadre expérimental (et non plus clinique et intersubjectif) les opérations mentales de base, permettant l'exécution de tâches élémentaires : l'attention, la perception, la mémoire, le contrôle des actes, le stockage et la récupération des informations. Là encore des anomalies sont observées chez les malades, et reliées à la pathologie. Pour les sciences cognitives, l'activité psychique consciente et observable résulte d'opérations non conscientes — mais il s'agit d'un inconscient de nature différente de celui postulé par la psychanalyse : non pas des actions et intentions inaccessibles au sujet, mais des opérations mentales élémentaires assurant la production de l'activité psychique.

3. Comprendre, expliquer

Le niveau d'analyse « psychologique » n'est donc pas lui-même homogène. Les explications logiques portent sur le sens des événements, le « pourquoi » : le sujet pense ou dit ceci à cause de tel but ou intention. Chaque événement mental « s'explique » par sa relation avec un autre, un peu comme nous expliquons une action par une intention d'agir. C'est le domaine de la lecture clinique. La théorie de l'Inconscient suppose des pensées ou des intentions inaccessibles à l'expérience directe du sujet ; elle repose cependant sur ce même principe d'explication logique qui établit des relations causales entre les actes ou les pensées.

Mais cette analyse explique-t-elle, comme le ferait une science physique, la production de la pensée et des actions ? On peut en douter. Elle recourt à la notion d'intention préalable : le sujet penserait ou agirait « parce qu'» il en a l'intention ou le désir. Une pensée en causerait une autre. Or cette pensée ou intention est elle-même un acte mental, une « pensée », qu'il faudrait expliquer par une autre « intention », et ainsi de suite... Rien n'est dit de ce qui produit cette succession illimitée d'événements mentaux. Une relation d'enchaînement, d'implication logique est confondue avec une relation de production. En effet, l'explication d'une pensée par une autre pensée repousse à chaque fois l'explication causale. On doit plutôt supposer que l'activité mentale génère à chaque instant à la fois l'action (un acte ou une pensée), et son intention. En recherchant une « explication » globale on confondrait l'explication par le sens, c'est-à-dire la compréhension, et l'explication de ce qui produit le sens. Le risque est de méconnaître l'existence de deux niveaux explicatifs différents : la logique des produits de l'activité mentale, des « pensées » ou actions qui s'enchaînent, et la logique des opérations de production de la pensée. Il existe en fait deux causalités distinctes. L'une est de nature logique et décrit les relations entre les actions ou les produits de l'activité mentale. Elle répond au « pourquoi » et procède par interprétation. L'autre est plus physicaliste et explique, à chaque instant « en temps réel » et par une succession d'opérations mentales, la réalisation de chaque pensée indépendamment de son sens. Elle répond au « comment » et décrit un « en deçà » des produits psychiques.

Il faut ainsi distinguer en psychopathologie deux perspectives complémentaires. L'une est la compréhension du sens de l'activité mentale, supposant des intentions (conscientes ou inconscientes). En donnant accès au sens inconscient de l'activité mentale, la psychanalyse relève de cette approche. L'autre est l'explication des mécanismes de production de l'activité mentale et des actions, décrivant le fonctionnement de « l'appareil » qui produit les événements mentaux et leur signification. Ce second objectif définit une « psychologie scientifique » positiviste, qui porte sur les mécanismes de production de chaque événement mental, sur le « comment ». L'hypothèse de la dissociation schizophrénique (Bleuler), trouble fondamental des associations, en relève clairement.

L'état actuel des sciences permet-il le développement d'une nouvelle psychologie des mécanismes, complémentaire des autres approches et qui permette en particulier l'analyse des troubles schizophréniques de la pensée ? La science expérimentale a privilégié la biologie, l'étude du cerveau, et les avancées des neurosciences ont largement dominé. Le fonctionnement mental a été longtemps jugé trop complexe pour être l'objet d'une étude « scientifique » — en dehors de la psychanalyse.

Aujourd'hui cette tendance change, grâce à l'avènement encore récent des sciences cognitives. Celles-ci proposent en effet des modèles du fonctionnement psychique et une approche des processus de pensée qui renouvellent indirectement les hypothèses psychiatriques, et proposent une nouvelle lecture des symptômes. En particulier, cette approche peut nous aider à mieux concevoir les deux problèmes soulevés plus haut : d'une part le rapport entre fonctionnement mental et cerveau, et d'autre part l'articulation des deux courants psychologiques, explicatif et compréhensif. L'enjeu est donc une coopération entre les principaux courants de recherche, neurosciences, psychopathologie et psychologie, impliqués dans la compréhension de la pathologie schizophrénique.

Chapitre 3

Actualité de la psychopathologie de la schizophrénie : vers une psychopathologie de l'action

I. LA PERSPECTIVE DES NEUROSCIENCES COGNITIVES

On peut définir la psychologie cognitive comme une « psychologie scientifique », reposant sur la méthode expérimentale. Elle constitue une recherche fondamentale qui vise à décrire d'abord le fonctionnement « normal ». Cette démarche n'a pas elle-même d'objectif thérapeutique. Elle s'inscrit dans le champ des sciences cognitives, dont l'objectif est de décrire les mécanismes et les propriétés de l'esprit.

Ces « sciences naturelles » de l'esprit supposent que l'activité mentale peut être comprise selon un modèle « computationnel » et « représentationnel » (des processus assurent la production, la transformation ou l'enchaînement de symboles et représentations), et qu'elle est organisée par des règles. L'activité mentale reposerait sur des opérations élémentaires de « traitement de l'information », notion issue de l'informatique et qui inspire les modèles cognitifs.

Les sciences cognitives proposent de comprendre, sur le modèle des sciences physiques, l'esprit et ses capacités : pensée, représentation mentale et langage, perception, mémoire, prise de décision, motricité. Pour cela elles exploitent différentes données issues de la linguistique, de la psychologie et des neurosciences. Elles utilisent la méthode expérimentale, étudiant l'activité mentale par des tests qui sollicitent des fonctions spécifiques. Elle évaluc leur mise en jeu en étudiant le comportement du sujet et ses temps de réponse dans des conditions contrôlées mettant en jeu une activité mentale définie : tâche perceptive ou de reconnaissance, prise de décision, tâche mnésique ou attentionnelle...

La psychologie cognitive décrit ainsi des opérations mentales élémentaires et inaccessibles à l'observation (nous verrons en quoi consistent ces opérations, par exemple celles du contrôle de l'action motrice). Deux points sont à souligner. D'une part, ces opérations ne se réduisent pas aux faits neurobiologiques : il s'agit bien de mécanismes mentaux, d'opérations abstraites. D'autre part, ces mécanismes ne sont pas définis au niveau des contenus de la psychologie ordinaire : croyances, pensées ou « états mentaux » (qui correspondent à l'observation et à la description clinique de la schizophrénie). L'enjeu de cette approche réside dans la compréhension des opérations mentales non conscientes et inaccessibles à l'observation comme à l'introspection, distinctes de la pensée et des états mentaux directement observables. Certains processus opèrent par exemple dans des délais très brefs, de moins de 200 millisecondes, et seule l'étude expérimentale (la mesure de temps de réponse) permet leur mise en évidence.

Cette approche renouvelle l'étude de la pathologie psychiatrique. Elle introduit en effet un niveau psychologique intermédiaire, entre l'activité cérébrale biologique et les troubles cliniques de la pensée ou de l'action.

Elle modifie ainsi les termes du débat cerveau-esprit, organogénèse-psychogénèse, premier problème soulevé. L'approche cognitive propose de considérer que la relation entre l'activité mentale et le cerveau serait analogue à celle qui s'instaure, dans un ordinateur, entre les traitements d'information et les circuits électroniques qui en assurent l'exécution. Il existe selon ce point de vue dit « fonctionnaliste » un rapport de dépendance entre faits neurobiologiques et activité mentale, entre les niveaux matériel (ou physique) et fonctionnel. Cependant les faits décrits à l'un et l'autre niveau sont radicalement distincts, irréductibles les uns aux autres. Le fonctionnalisme n'est donc ni un

« monisme » matérialiste identifiant le mental et le cérébral, ni un dualisme prônant une rupture radicale entre matière et esprit. Événement physique et événement mental présentent des propriétés différentes, correspondent à des niveaux d'observation différents du psychique — et relèvent donc de logiques explicatives distinctes. Il y aurait compatibilité, rapport de dépendance entre mécanismes cérébraux et faits cognitifs, mais il serait erroné de poser une relation de causalité entre eux.

Les faits psychologiques susceptibles d'être reliés au fonctionnement cérébral seraient seulement les composantes élémentaires de l'activité cognitive. Dans la schizophrénie, le fonctionnement cérébral n'est donc pas articulé directement aux troubles cliniques (délire, hallucinations, croyances, pensées). Ce sont des dysfonctionnements cognitifs plus élémentaires qu'il faut rechercher pour comprendre le lien entre cerveau et maladie. De même, on peut supposer que les médicaments, en modifiant l'activité cérébrale, agissent sur ces dysfonctionnements cognitifs de base, c'est-à-dire sur des mécanismes mentaux élémentaires et non directement sur le délire ou les hallucinations, ni non plus exclusivement par une action biologique.

À la bipartition psychologique-biologique, l'approche cognitive propose donc de substituer une tripartition psychologie-mécanismes cognitifs-biologie. Pour reprendre le modèle de l'ordinateur, ces opérations cognitives correspondraient au « programme », au « software », mode de traitement fonctionnel aux règles propres, qui ne se réduit ni aux structures électroniques qui en assurent l'exécution, ni au langage compréhensible s'affichant sur l'écran.

Nous retrouvons une hétérogénéité du « psychologique » : d'une part les contenus ou états mentaux observables, s'organisant sur la base des représentations ; d'autre part les opérations cognitives élémentaires. Le premier niveau est souvent dit « personnel », « sémantique » ou « intentionnel », on y retrouve les pensées, désirs, intentions ou croyances. Le second niveau de description, hypothétique, constitué d'opérations cognitives élémentaires non directement observables, est dit « syntaxique » ou « sub-personnel ». Ces deux descriptions correspondraient schématiquement à l'observation macroscopique et microscopique d'un objet physique. Des modèles « connexionnistes* » simulent certaines fonctions mentales, et montrent comment les représentations symboliques émergent à partir d'opérations infra-symboliques de nature différentes. L'important est que les règles d'organisation et de causalité propres à chaque niveau sont tout à fait distinctes.

Quel est l'intérêt de ce point de vue pour l'étude de la schizophrénie ? Les sciences cognitives proposent des mécanismes mentaux, contribuant à expliquer les troubles cliniques — mais non pas ce qui « cause » ces symptômes (car chaque mode d'observation, clinique, cognitif ou biologique définit en effet sa propre causalité). Elles prétendent expliquer la réalisation des « états mentaux » ou des pensées, donc en pathologie la production de certains symptômes — mais pas leur sens, leur intention.

Les faits cliniques décrits dans la schizophrénie correspondent au niveau de description « personnelle » ou « sémantique », alors que l'exploration cognitive permettrait d'explorer le niveau « sub-personnel ». Pour expliquer la production des symptômes (et non pour les « comprendre » du point de vue clinique causal), il faudrait formuler des hypothèses portant sur les opérations cognitives élémentaires sous-jacentes.

Ainsi, définir le délire comme une croyance fausse n'aurait pas de réel pouvoir explicatif. Les mécanismes de production de la croyance sont eux-mêmes à mettre en question. L'erreur n'explique pas le délire : c'est l'erreur qu'il faut expliquer, en analysant les mécanismes du jugement. De même, l'explication de l'hallucination par un trouble de discrimination entre réalité externe et interne (la confusion schizophrénique du « soi » et du « dehors ») ne serait en fait qu'une description : l'explication doit porter sur les conditions de possibilité de cette discrimination — sur la réalisation d'une représentation de soi distincte du monde externe. Définir les mécanismes à partir desquels s'organisent les comportements ou les états mentaux, c'est changer de dimension, quitter les produits de l'activité cognitive (la pensée consciente) et les règles de la psychologie ordinaire, pour faire des hypothèses sur les mécanismes de production eux-mêmes.

II. « TROUBLES COGNITIFS » ET SCHIZOPHRÉNIE

Quels mécanismes cognitifs et quels troubles de ceux-ci permettraient de mieux comprendre la pensée schizophrénique, de dégager en quelque sorte les mécanismes encore inconnus de la « dissociation » ?

Les recherches cognitives ont pour objectif de décomposer les symptômes en un ensemble de faits cognitifs élémentaires, démontrés par des études expérimentales, et susceptibles d'être mis en rapport avec le fonctionnement cérébral par la neuropsychologie cognitive. Plutôt qu'un trouble unique, elles proposent un ensemble d'anomalies diverses.

Les plus étudiés sont les troubles de l'attention sélective*, fonction qui normalement « filtre » les informations pour ne retenir que certaines d'entre elles. Ces troubles s'expriment par une distractibilité excessive, un défaut de sélection des informations perçues dans l'environnement. On les a d'abord reliés au défaut d'un « filtre » triant les perceptions. Le sujet serait alors submergé de stimulations, dépassant les capacités de traitement du système cognitif. En fait l'attention est un processus plus complexe qui module les perceptions mais aussi l'activité mentale en général. Ces troubles de sélection s'expriment donc aussi dans la sélection des réponses, lors de tests simples. Le trouble d'attention sélective semble lui-même relié à un défaut d'organisation de la pensée ou de l'action : en effet, c'est en fonction d'un but, d'un plan ou d'un projet d'action (reconnaître un objet donné, exécuter un acte moteur ou mental), que les informations sur une situation sont sélectionnées puis exploitées. Le comportement comme la perception s'organisent en fonction de ce projet, sur la base d'attentes ou d'anticipations. Une représentation de la situation et des objets est construite en rapport avec des contraintes internes. Une interaction s'organise entre la mise en œuvre de plans d'action, et le traitement cognitif d'une situation.

La perception (par exemple la vision) n'est pas un phénomène passif : elle est construite par l'activité cognitive, et non donnée de l'extérieur. L'activité mentale organise la représentation du monde dans une intégration de facteurs endogènes (la mémoire) et exogènes (les stimuli). L'activité cognitive confère leur signification aux choses représentées, objets ou situations, donne sens à la réalité. Différents tests élémentaires montrent des altérations de ce processus dans la schizophrénie. Les troubles observés chez les schizophrènes (troubles des processus cognitifs coûteux en attention, de la mise en jeu de stratégies d'organisation des informations perceptives) traduiraient une anomalie de cette organisation de la perception et de l'action en fonction de la mémoire, des expériences.

Ces hypothèses relient étroitement deux aspects des symptômes schizophréniques : la désorganisation de la pensée et de l'action (la dissociation) et les troubles de l'expérience subjective ou de la « conscience de soi », caractérisant hallucinations et délires. Elles redéfinissent le trouble de la « relation à la réalité », sous la forme d'une altération de la mise en relation de données sensorielles externes et de représentations « internes » en mémoire. Cette « relation » consiste donc en une activité de représentation de la réalité. Ce processus participe non seulement au contrôle du comportement (comparateur), mais aussi à la représentation des situations ou objets, de « contextes », et plus généralement à l'interprétation du monde, perturbés chez les schizophrènes.

Ce trouble s'exprime en particulier, dans différentes tâches expérimentales, par une « négligence » pour le contexte nécessaire à l'interprétation d'un événement. Différentes expériences montrent que lorsqu'on leur présente des mots ambigus (« serviette ») précédés d'un autre mot constituant un contexte (« cahier »), les patients schizophrènes tendent à répondre en négligeant ce contexte. En situation de communication, le schizophrène semble négliger le contexte représenté par la situation, les propos ou les intentions de l'interlocuteur. La pragmatique* a montré comment la communication repose sur une permanente interprétation des conduites et des états mentaux d'autrui (des « intentions »), c'est-à-dire d'un contexte relationnel et situationnel en fonction duquel le discours est en permanence ajusté. Ainsi, les anomalies de la communication des schizophrènes ont été reliées à des troubles de processus (inférences) qui permettent normalement d'organiser son discours en fonction des pensées qu'on prête à son interlocuteur.

Les recherches se sont ainsi orientées vers un trouble du contrôle de l'activité mentale. Ce mécanisme implique en particulier l'exploitation et la mise en relation d'informations en mémoire avec des informations nouvelles. Cette intégration de la mémoire à la perception est nécessaire pour interpréter une situation, engager une réponse en fonction des expériences vécues. Selon certains chercheurs cette intégration serait perturbée dans la schizophrénie, ce qui brouillerait la représentation de la situation (toute situation serait « nouvelle », non interprétable), et l'organisation de l'activité cognitive.

On constate en effet que les troubles de la mémoire de ces sujets touchent surtout le rappel « indirect », nécessitant la mise en relation ou l'intégration des souvenirs et des informations actuelles. Par contre, la réactualisation directe ou « automatique » d'informations en mémoire par une situation déjà connue, et se reproduisant à l'identique, reste préservée.

Ce sont globalement les tâches « coûteuses » nécessitant une modification, un ajustement à la nouveauté d'une situation (et impliquant donc un effort d'attention et d'organisation) qui sont les plus perturbées, et non les tâches reposant sur des automatismes. Le trouble touche les actes devant s'ajuster à une situation nouvelle. Il concerne donc bien la relation avec la « réalité », au sens où celle-ci diffère d'une situation connue, impose une forme de modification ou ajustement par rapport à la mémoire et aux automatismes. Il s'agit de troubles des performances et non des compétences, qui subsistent mais sont difficilement exploitées.

III. SCHIZOPHRÉNIE ET CONTRÔLE DE L'ACTION : UNE RELECTURE DE LA DISSOCIATION

Les hypothèses convergent ainsi vers la notion d'un trouble fonctionnel de l'organisation et planification de l'action (souvent nommées « fonctions exécutives ») — s'exprimant de manière variable dans les différents secteurs de la motricité, de la perception, du langage ou de la mémoire, de la pensée. Le modèle de l'action propose ainsi de relier l'ensemble des troubles définis par le terme de « dissociation » ou de désorganisation à une perturbation de la planification de l'action, elle-même dépendante du cortex frontal. Ce type d'hypothèse rend compte du fait que toutes ces fonctions sont perturbées lors des tests, et qu'aucune anomalie n'est spécifique de la schizophrénie.

Différents modèles proposent de comprendre ces troubles d'organisation de l'action des schizophrènes.

Pour l'approche des neurosciences cognitives, les comportements sont en mémoire sous forme de « plans d'action », mis en jeu par une situation donnée permettant leur exécution. La situation est représentée en fonction de l'action engagée, et réciproquement le choix d'un programme d'action dépend des données situationnelles. En fonction de la situation, une planification du comportement est organisée à partir des informations en mémoire, puis l'action est initiée et contrôlée jusqu'à la fin de son exécution. La planification de l'action (qui implique le cortex préfrontal) assure l'organisation temporelle, la préparation et l'anticipation du comportement, la sélection des informations perceptives pertinentes pour son exécution, la représentation du contexte. On retrouve les opérations cognitives jugées les plus perturbées chez les schizophrènes. L'analyse du discours schizophrénique (Hoffman) ne permet pas de reconstruire un tel plan, de dégager des orientations directrices stables. Plusieurs auteurs proposent donc de relier la clinique schizophrénique à un trouble de la planification, touchant l'ajustement des actions non automatiques à la situation ou au contexte.

Ces opérations cognitives sont non conscientes, non intentionnelles : la conscience n'est pas l'agent du contrôle, qui s'organise de lui-même. Ces modèles ne portent pas sur le plan des faits directement observables et ne relèvent pas des logiques psychologiques ordinaires.

Pour la neuropsychologie cognitive, exécuter une action nécessite un ajustement permanent de celle-ci à la situation, jusqu'à ce que le but en soit atteint. Des mécanismes de contrôle permettent cet ajustement en confrontant à chaque instant, pendant l'exécution, les données issues de la situation externe, et une représentation de l'action, une anticipation de ses effets. Le mécanisme de contrôle articule ainsi des représentations centrales ou « internes » des actions, et les données de la perception. Les anticipations sont générées à partir de la mémoire, des expériences antérieures. Elles sont intégrées aux perceptions pour interpréter la situation, lui donner sens. Si une action est engagée, le système compare le but anticipé et les effets réels de l'acte. En fonction des données de cette comparaison, l'action sera poursuivie, ou stoppée s'il y a identité entre but et réalité ; elle sera enfin corrigée, ou arrêtée et remplacée si le but n'est pas atteint.

Ce mécanisme de contrôle du comportement implique l'existence d'une représentation mentale « interne » de l'action engagée et de son but attendu, comparée à la réalité perceptive. Pour chaque action, un « projet » est généré, puis comparé en permanence à l'acte réellement exécuté, et à ses effets sur le milieu (informations sensorielles). La représentation mentale de l'action exerce donc une fonction essentielle de régulation du comportement. Le terme représentation désigne ici non pas le fait psychologique accessible à l'introspection et à l'expérience consciente, mais un niveau de codage lié à l'organisation de l'action, un mécanisme de sa régulation ou contrôle.

Le trouble de planification de l'action observé dans la schizophrénie pourrait donc être lié à des perturbations touchant ce plan des représentations d'action et de leur exploitation. Mais, comme nous allons le voir, cette hypothèse nous conduit à articuler la clinique de la désorganisation de l'action et l'autre clinique schizophrénique : celle des troubles de l'expérience subjective du schizophrène : hallucinations et délire, troubles de la conscience de soi et d'autrui.

IV. TROUBLE DE LA REPRÉSENTATION DE L'ACTION ET SCHIZOPHRÉNIE : UNE RELECTURE DES SYMPTÔMES « POSITIFS »

Outre son rôle dans le contrôle du comportement, la notion de représentation de l'action est en effet au cœur également des mécanismes de la conscience de soi et de la représentation d'autrui. Nous développerons successivement ces deux perspectives : comment la notion de représentation d'action permet d'éclairer la croyance délirante, puis les phénomènes hallucinatoires, et enfin plus largement les troubles de la distinction et de la relation entre soi et autrui.

Il existe différentes manières de définir la nature de cette « connaissance » de soi qui apparaît altérée dans l'hallucination et le délire. On peut ainsi suggérer que le sujet ne peut se reconnaître comme sujet ou agent de certains de ses actes ou d'une partie de sa pensée. On peut aussi désigner la représentation de l'action (acte de pensée, de jugement, de désir) et de l'intention d'agir, ici en question, par le terme de « méta-représentation ». Il s'agit d'une représentation de l'acte mental de représentation lui-même, correspondant à une méta-connaissance de l'activité mentale, au fait de « se » représenter penser ou agir. Le sujet se prend alors lui-même (c'est-à-dire sa propre activité mentale ou motrice) pour objet de sa pensée ou de son activité de représentation. Nous retrouvons ici la définition cognitive de la relation spéculaire ou réflexive à une « représentation de soi », une certaine forme d'identification « à soi », perturbée dans la psychose.

On pourrait donc faire l'hypothèse selon laquelle la psychose se caractériserait de façon analogue par cette dernière forme de « présentation » hallucinatoire de soi et de ses actions.Cette « méta-représentation » diffère d'un autre mode de représentation de soi, observé par exemple dans le rêve, où manque en effet la « méta-représentation » du fait même que l'on pense, agit ou rêve.

En même temps que la perturbation de la conscience intentionnelle, on peut comprendre le trouble de la relation avec la « réalité » externe. La représentation de la réalité apparaît en effet étroitement corrélée à la manière dont l'activité du sujet lui-même est représentée. Pour la « présentation » hallucinatoire de l'action, les événements internes sont mis sur le même plan que les événements externes, la distinction du « soi » et du « non-soi » tend à s'effacer. La différenciation d'événements « internes » et « externes », du soi et de la réalité ne se constituerait qu'avec l'accès à un mode de pensée pour lequel l'acte mental est lui-même représenté comme tel, où le sujet « se » représente lui-même comme une réalité (consciemment ou non). Du point de vue neurobiologique ce mécanisme correspondrait à des boucles de « réentrées » par lesquelles l'activité mentale est traitée elle-même comme un fait externe, devient son propre objet, comme l'a proposé G. Edelman.

On peut ainsi considérer l'hallucination comme une action sans méta-représentation, un acte de discours intérieur sans la réflexivité du « se savoir agir ». Une forme de représentation de « soi » persiste cependant, qui reste agent d'une partie de la pensée, mais est seulement le témoin de certains de ses propres actes, devenus événements externes.

Cette perspective éclaire également la croyance délirante, que l'on peut relier à un trouble analogue de la (méta-) représentation d'un état mental. Ainsi, un sujet souffrant d'un délire de persécution affirme être l'objet dans la rue de regards et de commentaires hostiles et moqueurs. Tout se passe comme si ce patient délirant traitait alors un événement interne, c'est-à-dire un acte mental (la crainte ou l'impression, c'est-à-dire la représentation ou la croyance, d'être l'objet de l'hostilité d'inconnus), comme un fait externe (être réellement suivi). Tout se passe comme s'il manquait dans l'actualisation délirante (« je suis l'objet de l'hostilité d'autrui, on se moque de moi ») une modalisation, du type « je crois », « j'ai peur » d'être l'objet de cette hostilité, « j'ai l'impression » que l'on se moque de moi (pour la théorie psychanalytique qui introduit une nature particulière d'actes mentaux relevant de l'inconscient, l'acte mental inconscient sous-jacent au délire serait ici un désir). On voit que cette simple modalisation marque normalement la position du sujet ou agent de l'acte de pensée, par rapport au contenu (le fait représenté) de l'acte mental. De ce fait, le niveau propre de l'acte mental (le niveau méta-représentationnel) émerge en tant que tel, distinct de celui des états du monde visés ou décrits par l'activité mentale, des contenus représentés. Dans l'énonciation ou l'expérience délirante, avec l'absence d'une telle modalisation marquant le plan méta-représentationnel, disparaît en revanche l'écart entre la représentation d'un fait et le fait lui-même, entre l'acte mental et ce qu'il figure, c'est-à-dire l'écart fondamental entre pensée (croyance, désir, crainte, c'est-à-dire imaginaire) et réalité. Tout se passe comme si l'abolition de cette distinction, de ce repérage de l'acte mental lui même, caractérisait la croyance délirante.

Finalement, l'hypothèse d'un trouble de représentation de l'action ou de l'intention (méta-représentation) définit l'altération de la pensée psychotique comme une confusion entre événement interne (ou acte mental) et événement externe. Hallucination et délire seraient perçus comme des événements externes alors qu'ils sont auto-générés et appartiennent au monde interne.

Le trouble psychotique de la représentation mentale apparaît cependant plus complexe. En effet, le sujet psychotique ne traite pas les contenus de son délire ou ses hallucinations, comme des faits externes, comme des perceptions banales. Il engage vis-à-vis de ces phénomènes une forme très spécifique de « croyance » ou de conviction, insensible à toute forme de correction par les faits réels, plus forte que celle qu'entraîne une perception « vraie ». L'hypothèse d'un « défaut de méta-représentation » ne peut donc suffire, pas plus que celle d'une croyance fausse. Il faut interroger la nature même de la représentation hallucinatoire, et de la croyance délirante.

La conviction délirante ou l'hallucination ont pour caractéristiques d'être « sans objet » dans la réalité, et donc d'être insensibles aux arguments de la réalité. Un délirant maintiendra sa croyance contre toute évidence, dans la réalité, de sa fausseté — tout comme l'halluciné qui entend des voix. En quelque sorte, il s'agirait là de formes de représentation, d'actes mentaux, auxquels les critères du vrai et du faux, c'est-à-dire du jugement de réalité, ne s'appliquent pas. On pourrait dire qu'il s'agit seulement d'événements « réels », indiscutables, au-delà du vrai ou du faux.

Une telle forme d'expérience peut en fait être rapprochée d'une expérience banale, celle que nous avons non pas de la réalité externe, des objets, mais de nos propres états mentaux (D. Widlöcher). Il ne s'agit en effet pas alors d'une perception, d'un jugement, ni même d'une croyance, mais d'une évidence interne indiscutable.

Les catégories du vrai et du faux, donc du doute, ne semblent pas s'appliquer aux actes mentaux eux-mêmes, mais seulement à leurs objets dans la réalité. Si par exemple nous constatons nous être trompé en croyant avoir reconnu quelqu'un (erreur perceptive), l'expérience de l'avoir un instant reconnu reste aussi forte. Elle n'est pas, contrairement à la perception, soumise au doute ou à la correction. Nous douterons de la réalité des objets externes auxquels nos états mentaux se réfèrent, de la justesse ou vérité de notre pensée. Mais nous ne pouvons douter de la « réalité » de cette pensée, du fait qu'elle s'est produite, que nous l'avons éprouvée. L'évidence des états internes est à l'abri de toutes les corrections, contrairement au jugement qui se porte vers la réalité externe et l'objet.

La « croyance délirante » inébranlable, insensible aux contradictions et aux arguments de la réalité, serait de la même nature que l'expérience subjective de nos états internes : nous ne pouvons douter d'avoir ressenti une émotion, d'avoir pensé ou agi — quoique nous ayons ressenti ou pensé, de juste ou de faux. La croyance délirante a le caractère « réel » de l'évidence subjective — à ceci près qu'elle est considérée par le sujet comme un jugement sur le monde, qu'elle est traitée « comme si » elle concernait la réalité externe et non la réalité interne. Puisque le délire est une production de l'activité mentale, une pensée ou un acte mental réel, il n'est pas surprenant qu'il donne lieu à une évidence subjective inébranlable et qui ne puisse être soumis à correction. Ce qui est anormal, c'est qu'une expérience propre aux états internes, l'évidence subjective inébranlable, soit dirigée de manière erronée vers le monde, comme s'il s'agissait d'un jugement ou d'une perception d'objet. L'évidence subjective prend la place, en quelque sorte, d'une évidence objective, tout en gardant sa nature de conviction intime. Il y aurait seulement « erreur » sur l'objet, état interne anormalement perçu « au dehors », en l'absence justement d'un objet externe. On retrouve en partie le mécanisme de la « projection » défini par Freud, mais seulement du point de vue des mécanismes mis en jeu, et non du déterminisme par l'inconscient et la pulsion qui jouerait à un autre niveau.

C'est une fois encore la question de la relation de la pensée psychotique avec la réalité qui est posée. On peut supposer que ces deux formes d'expérience, subjective ou objective, diffèrent selon la nature de l'activité mentale mise en jeu dans l'un et l'autre cas, selon qu'elle est ou non référée à la réalité d'un « objet » existant. En fait, la pensée conjugue normalement ces deux dimensions, le pôle subjectif (l'expérience indiscutablement réelle d'un événement mental, attribué à soi) et l'expérience de la réalité externe représentée (soumise au critère de vérité ou fausseté) ; l'expérience « subjective » de l'acte mental lui-même et celle « objective » de l'objet auquel il se réfère.

Chez le psychotique il semble que ces deux dimensions fonctionnelles se recouvrent ou se confondent, dans un acte mental sans objet dans la réalité, donc au-delà du vrai et du faux, insensible au « jugement de réalité », comme l'hallucination ou le délire. Tout se passe comme si l'expérience subjective dominait, jusqu'à prendre la place de l'expérience objective. Mais la distinction des deux champs d'expérience, subjective et objective, donc un « jugement de réalité », devient alors impossible.

L'attribution d'événements mentaux à soi ou à autrui, la distinction de soi et d'autrui, seraient aussi altérées conformément à « l'identification projective » décrite par les psychanalystes chez les psychotiques. Nous avons vu que la théorie freudienne tente de relier ces troubles de la représentation de soi aux modalités du fonctionnement psychique.

Pour un mode de pensée (la pensée « primaire »), l'acte mental représenterait les deux pôles du sujet et de l'objet (ou d'autrui) dans une confusion, une indifférenciation qui caractérise la pensée schizophrénique comme la pensée « inconsciente ». Ce mode de pensée s'exprime par un trouble de la représentation de soi comme de celle de la réalité, un recouvrement de ces deux champs d'expérience normalement clairement distingués. L'impossibilité d'engendrement d'une représentation stable du « soi » s'accompagne d'un morcellement en multiples « soi », dont aucun ne peut pourtant donner lieu à une expérience stable d'identité à soi-même. Pour cette pensée le sujet est peu différencié de l'objet, le soi de l'autre. La distinction des pôles subjectif et objectif, de soi et d'autrui, et donc la représentation d'une relation de complémentarité du sujet avec l'objet, serait altérée, entraînant une confusion ou indifférenciation. Le trouble schizophrénique toucherait l'expérience de soi, donc l'expérience intentionnelle « habituelle » des actions, de la même manière qu'il touche la représentation d'une relation différenciée aux objets ou à autrui. L'expérience de soi résulterait en effet normalement d'une relation analogue, mais réflexive ou spéculaire « à soi-même », par laquelle le « soi » est en quelque sorte lui-même pris pour « objet » de la relation.

La relation entre l'acte mental et la réalité (« l'objet »), classiquement troublée chez le schizophrène, peut ainsi être conçue autrement que de manière naïve, comme un rapport à un objet externe. La pensée ne se dirigerait pas vers un objet préexistant, mais construirait l'objet qu'elle représente. Le trouble schizophrénique ne se définit donc pas comme touchant la manière dont le schizophrène « pense à la réalité » ou à l'objet, mais plutôt la manière dont il « pense la réalité » ou l'objet, et dont il « se » représente. L'accent est mis non plus sur le rapport à la réalité externe, ou sur un « soi » organisant la pensée, mais sur l'activité de pensée elle-même et ses mécanismes intrinsèques.

Enfin, les troubles de la pensée et de l'action ne sont pas expliqués par un défaut premier de constitution du « soi » ou par un trouble de la conscience. La perspective cognitive, prolongeant la démarche psychopathologique et renouvelant ses interrogations, recherche les anomalies de l'activité mentale sous-jacentes à ces altérations. Les troubles de l'expérience subjective dissocient l'intention d'agir et l'acte, altèrent ensemble la représentation de soi et d'autrui. La clinique schizophrénique met ainsi en question, dans le champ des sciences, des aspects fondamentaux pour la psychanalyse mais restés jusque-là en marge de l'analyse scientifique, comme la conscience, l'intentionnalité, la subjectivité et l'intersubjectivité.

V. LA SCHIZOPHRÉNIE, PATHOLOGIE DE LA SUBJECTIVITÉ ET DE L'INTERSUBJECTIVITÉ

Comme nous l'avons souligné, le terme de schizophrénie évoque souvent, mais cependant à tort, la notion de division ou de « dédoublement » de la personnalité. La schizophrénie doit être bien distinguée de ces « personnalités multiples » qui relèvent d'une tout autre nature. Le trouble grave de l'identité de la schizophrénie se définit en effet à un autre niveau que celui de la multiplication des identités ou personnalités, des « soi » différenciés. Le trouble touche la constitution même d'une unité individuelle et stable du soi, distinct d'autrui, la constitution ou l'émergence d'une « conscience de soi » autonome.

Longtemps, ces troubles de l'expérience subjective intime sont restés l'objet exclusif de la psychologie clinique, de la psychanalyse ou de la phénoménologie. Aujourd'hui, alors que les sciences cognitives ont repris le projet d'une psychologie scientifique et qu'elles se sont engagées dans l'étude de la conscience et de la représentation de soi, c'est-à-dire depuis qu'elles ont relevé le défi d'une approche « objective » de la subjectivité, les troubles schizophréniques apparaissent comme des anomalies exemplaires de la conscience de soi. Les symptômes de la schizophrénie sont donc devenus aujourd'hui un des objets privilégiés des recherches sur les mécanismes cognitifs et cérébraux de la conscience et de la représentation de soi et d'autrui. Ces recherches tentent de mettre en relation les phénomènes les plus complexes de la vie mentale avec des processus cognitifs plus élémentaires qui en permettent l'organisation et la production, puis de rechercher les corrélats cérébraux de ces processus. Séduisante, cette approche qui renouvelle la compréhension des troubles psychiatriques est aussi aujourd'hui encore largement spéculative, même si elle s'appuie sur des données expérimentales et cérébrales de plus en plus nombreuses. Nous allons tenter ici de comprendre comment ces recherches peuvent s'appuyer sur l'étude des troubles schizophréniques pour éclairer le phénomène de la conscience de soi, et comment en retour elles aident à mieux comprendre ces symptômes schizophréniques.

1. Hallucinations, automatisme mental, syndrome d'influence : une pathologie de la distinction soi/autrui

Les symptômes dits « positifs » qui sont ici en question, et qui sont parmi les manifestations les plus typiques de la pathologie, sont principalement les hallucinations acoustico-verbales (les « voix ») et certains délires, que nous présenterons brièvement. Le patient qui souffre d'hallucinations auditives verbales déclare entendre des « voix » extérieures qui s'adressent à lui, commentent ses actes ou communiquent entre elles en parlant de lui. Bien qu'il soit le seul à « entendre » ces voix, et qu'il ne puisse en expliquer rationnellement l'origine, le sujet est convaincu de leur réalité et il les attribue à différents agents extérieurs à lui, mais qui lui donnent des ordres, commentent et surveillent ses actions.

Dans le syndrome proche désigné par le terme d'« automatisme mental », le sujet ressent que le cours de sa pensée échappe à son contrôle (« pensées imposées »), qu'il est contrôlé par une force ou un agent extérieur, comme si autrui en prenait possession et pénétrait dans l'intimité de sa vie mentale. Dans d'autres cas, le patient a de manière réciproque le sentiment que sa pensée est « diffusée » ou qu'elle lui est « volée », que tout le monde peut en prendre connaissance. Enfin, dans le syndrome d'influence ou l'hallucination psychomotrice, le patient déclare être agi par une force étrangère qui contrôle sa pensée, ses intentions ou ses actes.

Qu'est-ce que ces symptômes ont en commun, outre la perception, soit dans le mode perceptif (hallucinations), soit dans le monde interne (automatisme mental et syndrome d'influence), de phénomènes anormaux et la croyance absolue dans leur réalité ? Pour K. Schneider (1959), qui en faisait les symptômes les plus caractéristiques de la schizophrénie, c'est l'intervention d'autrui dans les pensées du sujet et dans son monde privé, qu'il s'agisse d'entendre des voix étrangères qui ordonnent ou commentent ses actes ou de ressentir qu'un contrôle externe, qu'une « influence » s'exerce sur ses pensées et intentions, ou enfin que ses actions et intentions se confondent avec celles d'autrui. Cliniquement, ils constituent des anomalies exemplaires de la conscience de soi et de l'autre, dans la mesure où ils expriment l'expérience d'une relation anormale, de confusion, entre le patient et un autrui imaginaire. Ces symptômes altèrent la différenciation entre le « soi », et le monde externe ou le champ de l'autre, menaçant ainsi le sentiment élémentaire de soi.

Dans ces troubles identitaires profonds, tout se passe comme si l'expérience d'intimité du soi, du monde interne et « privé » de la pensée ou du discours intérieur, faisait l'objet d'une effraction par le monde externe, le champ de l'autre ; comme si disparaissait la frontière invisible mais essentielle qui sépare la réalité interne des pensées, des émotions, des intentions et des représentations mentales, réalité propre du « soi », et la réalité externe des événements ou des pensées et actions d'autrui.

2. Conscience d'agir et symptômes schizophréniques

Comment comprendre la genèse de ces expériences pathologiques ? Dès le XIXe siècle, des psychiatres (Seglas, Clérambault) ont proposé qu'elles résultaient d'un trouble de la perception ou reconnaissance, par le sujet, de sa propre activité mentale ou de son discours intérieur. Le sujet attribuerait alors de manière anormale à des agents extérieurs ses propres contenus mentaux, pensée, intention, langage, non reconnus.

Cette hypothèse est reprise aujourd'hui en termes cognitifs. Les neurosciences cognitives réactualisent ces hypothèses, et suggèrent que ces symptômes, hallucination et délire, sont en effet liés à une altération de la conscience de l'action, plus précisément de l'expérience d'être l'agent de ses actions ou « agentivité » (Frith, 1992). Le sujet ne pourrait s'attribuer ses propres actes, pensées ou langage intérieur et les attribuerait de manière pathologique à autrui.

Des recherches empiriques récentes suggèrent en effet l'existence de liens étroits entre hallucination verbale, langage et action. Certaines avaient déjà montré les liens entre subvocalisation et hallucinations acoustico-verbales. Les recherches cérébrales en imagerie fonctionnelle ont apporté de nouveaux arguments en faveur de la thèse de l'hallucination-action. Elles ont montré chez des schizophrènes souffrant d'hallucinations verbales une activité cérébrale analogue à celle liée à la réception du langage et à la production du discours intérieur et du langage (Cleghorn *et al.*, 1992, McGuire *et al.*, 1993 ; McGuire *et al.*, 1996), alors que d'autres travaux chez le sujet normal soulignent l'analogie entre les processus cérébraux mis en jeu par le langage intérieur et par la production ou la réception réelles de parole (Frith, 1996). De plus, l'activation des aires frontales et temporales lors de la production de discours intérieur chez le sujet normal est plus forte quand le sujet imagine que quelqu'un d'autre parle, qu'au cours d'une simple vocalisation intérieure de son propre discours. Or on a montré une activité accrue de ces mêmes zones chez des sujets souffrant d'hallucinations verbales (McGuire *et al.*, 1993), renforçant l'hypothèse selon laquelle celles-ci seraient liées à un trouble du discours intérieur. Si l'hallucination acoustico-verbale est un acte de langage, le trouble touche la conscience de l'action ou plus exactement de l'intention d'agir, il altère la capacité du sujet à identifier cette activité pour l'attribuer à lui-même plutôt qu'à une source externe. Classiquement définie en psychiatrie comme « perception sans objet », l'hallucination verbale devient une « action sans sujet »

(Georgieff, 2000). Une même altération de l'expérience d'être agent de l'action, touchant cette fois non plus le langage mais l'activité de pensée et la formation des intentions d'agir, rendrait compte des expériences d'automatisme mental, de pensée imposée ou volée, et du syndrome d'influence, où le sujet se sent passivement « agi » par une force ou intention étrangère. Nous verrons plus loin les arguments expérimentaux en ce sens.

L'hypothèse s'appuie donc d'une part sur des arguments cliniques, d'autre part sur des arguments d'imagerie fonctionnelle cérébrale des hallucinations verbales. Il faut en particulier citer les travaux fondamentaux en sciences cognitives sur la notion moderne de « représentation d'action », qui invitent à comprendre la pensée sur le modèle de l'action.

Parmi les arguments qui justifient d'appliquer le modèle de l'action aux actes mentaux également, ainsi qu'au discours intérieur, retenons surtout les travaux sur la représentation mentale de l'action (imagerie motrice) qui montrent que les activations cérébrales observées en imagerie fonctionnelle étaient analogues lorsqu'un sujet imagine et exécute une action (Decety *et al.*, 1994, 1997 ; Jeannerod, 1994). Cette extension du champ de l'action à l'activité de représentation permet d'inscrire dans le cadre des troubles de la conscience de l'action des symptômes qui touchent seulement le niveau des représentations mentales : les hallucinations non sensorielles ou « psychiques » (automatisme mental) et le délire, en particulier le syndrome d'influence où le sujet se sent passivement agi par autrui jusque dans l'intimité de sa pensée.

Mais peut-on mettre en évidence chez des sujets schizophrènes, dans un cadre expérimental, des anomalies de conscience de l'action et de son attribution, allant dans le sens de l'hypothèse d'un trouble de l'agentivité ?

Des études ont suggéré qu'une perte du jugement sur la source, interne ou externe, de l'événement pourrait participer à la physiopathologie des hallucinations ou du délire (Bentall *et al.*, 1991 ; Frith, 1996 ; Harvey, 1985). Plus directement, deux études récentes menées dans notre équipe ont tenté de démontrer un défaut de conscience de l'action et de son attribution à soi ou à autrui, chez des sujets schizophrènes souffrant d'hallucinations ou de syndrome d'influence. Elles suggèrent que des sujets schizophrènes (et en particuliers ceux souffrant d'hallucinations et de syndrome d'influence) font significativement plus d'erreurs que les sujets « contrôles » au cours de tâches consistant à reconnaître, au décours de son exécution, leur propre action motrice simple et à la distinguer d'une action étrangère (Daprati *et al.*, 1997 ; Franck *et al.*, 2001). Les dispositifs expérimentaux utilisés permettent en effet de présenter au sujet, à son insu, soit l'image du mouvement de la main qu'il est en train d'exécuter, soit l'image d'un mouvement différent ou déformé.

Enfin, des travaux tentent de décrire les mécanismes cérébraux corrélés à l'attribution d'action à soi ou à autrui. Récemment, dans notre équipe Farrer et col. ont observé, grâce à un protocole analogue d'attribution d'action couplé avec une exploration de l'activité cérébrale, que la modulation de l'expérience d'être agent (c'est-à-dire de causer) une action, selon que celle-ci était attribuée par le sujet plus à lui-même ou plus à autrui, s'accompagnait d'activations de certaines zones cérébrales, le gyrus angulaire droit et l'insula. Plus le sujet attribue l'action à autrui, plus le gyrus angulaire droit est activé et l'insula postérieure désactivée. Cette observation rejoint celle de Spence *et al.* (1997), qui ont observé en imagerie fonctionnelle, chez des sujets schizophrènes souffrant de syndrome d'influence, des anomalies d'activation touchant différentes aires cérébrales dans les régions pariétale et cingulaire, impliquées dans le contrôle de l'action motrice, et dans la représentation différenciée des espaces corporel et extra-corporel. Enfin, Franck (2001) a décrit également une hyperactivité du cortex pariétal droit chez des sujets schizophrènes présentant ce même type de symptômes.

3. De l'action à la conscience de soi : hypothèses cognitives

On ne peut comprendre l'anomalie à l'origine des symptômes schizophréniques sans progresser dans la compréhension des mécanismes à l'origine de l'expérience normale de l'agentivité ou plus largement de la conscience de l'action. Or cette question est posée depuis longtemps par tous les chercheurs s'intéressant à la motricité.

Nous avons vu plus haut que le système de contrôle de l'action est supposé recevoir des informations de deux sources. L'une est exogène et dépend de l'exécution réelle de l'action : les informations perceptives afférentes issues des effecteurs et du milieu. L'autre est centrale : préalablement à l'exécution de l'acte, le système de contrôle disposerait d'une information endogène ou centrale efférente sur la commande motrice issue du générateur d'action (copies d'efférence ou décharges corollaires, Sperry, von Holst, in Feinberg, 1978 et in Jeannerod, 1993). Ce système est ainsi informé des actions engagées et de leurs buts (ou intentions), indépendamment de toute information sensorielle, comme le proposait initialement von Helmotz (1925). L'existence de tels signaux est postulée par tous les modèles de contrôle moteur, et leur nécessité semble vérifiée par les modèles artificiels simulant le processus complexe du contrôle moteur.

S'inspirant de ce modèle, Feinberg (1978) puis C. Frith (1992, 1994) ont proposé que ce processus de contrôle puisse être également un mécanisme de la prise de conscience de l'intention d'une action volontaire (se représenter qu'on en est l'agent) et par là de la conscience de soi.

Selon eux, l'expérience normale d'agentivité dépend directement des signaux centraux ou « efférents » informant sur l'action engagée, déclenchés par la commande d'une action et permettant son contrôle. Selon ce premier point de vue, les troubles de reconnaissance ou conscience de l'action et du « soi en action » dans la schizophrénie résulteraient ainsi d'un défaut de l'exploitation ou de la transmission de ces signaux centraux au sein des systèmes de génération et de contrôle de l'action motrice volontaire (Frith, 1992, 1996). On sait que l'action volontaire intentionnelle met en jeu le cortex préfrontal, qui générerait les « intentions » d'agir. Selon C. Frith, le sujet schizophrène souffrirait à la fois d'un déficit de génération des intentions et donc des actions volontaires, en rapport avec la faible activation préfrontale souvent constatée chez des sujets schizophrènes en imagerie fonctionnelle, et également d'un défaut de traitement cognitif de ces intentions. C. Frith postule ainsi une sorte de « dysconnexion » entre les zones corticales antérieures mises en jeu dans l'intention d'agir, et les zones postérieures assurant le traitement perceptif des conséquences de l'action exécutée. Il en résulterait un déficit d'auto-information du sujet sur ses propres actions intentionnelles, motrices, langagières ou mentales, ce qui conduirait à l'attribution erronée de celles-ci à autrui. Pour ces auteurs, les schizophrènes souffriraient d'un défaut de représentation de l'action, qui s'exprimerait par une perte du sentiment de « l'intention d'agir », de l'expérience intentionnelle et subjective. La schizophrénie montrerait une sorte de dissociation entre les actes et leurs intentions, un trouble de la conscience des « intentions » d'agir. Ce serait l'un des mécanismes des troubles de la représentation de « soi ».

C. Frith proposera ensuite une hypothèse sensiblement différente, qui relie l'expérience d'agentivité non plus à cette notion critiquable d'intention préalable, identifiée aux signaux corollaires de l'action, mais aux relations entre action et perception (Blackmore *et al.*, 1999 ; Frith, 1996). Le système de « *forward modelling* » (Wollpert *et al.*, 1995) suppose en effet que la représentation interne de l'action soit aussi nécessaire pour corriger la perception du monde en fonction de nos actes en cours. En effet, quand nous bougeons nos yeux, nous n'avons pas l'impression que le monde extérieur bouge. Pourtant l'image se déplace sur notre rétine. Si des mouvements oculaires nous sont par contre imposés de l'extérieur, par des secousses par exemple, alors nous voyons les objets externes bouger. La différence tient au fait que lorsque nous bougeons activement nos yeux, une représentation interne de nos mouvements oculaires (une copie de la commande motrice) est transmise au système de contrôle. Ce dernier anticipe les effets perceptifs des mouvements dont il est informé, et corrige les discontinuités perceptives. La représentation des actions en cours, de leurs « intentions », permet d'anticiper les effets de celles-ci.

Grâce à cette information interne, nous n'attribuons pas à la réalité externe les événements qui résultent de nos propres actes. Inversement, un défaut de représentation des actes s'accompagnerait d'une indistinction entre les événements résultant de nos propres actes, et ceux dus à une cause externe. Si la perception n'est plus corrigée par les anticipations des conséquences sensorielles de l'action engagée, le sujet perçoit les effets de sa propre action exactement de la même manière qu'il perçoit les événements sensoriels produits par une cause externe ou un autre agent.

Dans le cas de la production du langage, la correction sensorielle liée à l'action engagée correspond au fait que les zones de production transmettent aux zones de réception, grâce aux signaux centraux (décharges corollaires) codant l'action engagée, des anticipations sensorielles correspondant au discours produit, préparant ainsi les zones de réception auditive à l'écoute du discours propre. Lors de la production du langage, les aires frontales activées lors de la production moduleraient spécifiquement l'activité des aires temporales de réception, exerçant sur elles une inhibition. On observe en effet une réduction d'activité des zones de réception lorsqu'un sujet produit du langage (McGuire *et al.*, 1996). Cette modulation des zones réceptrices par les zones de production explique que nous n'entendons pas notre propre discours de la même manière que nous percevons le discours d'autrui, et que nous le « reconnaissons » comme tel parce que notre système cognitif en anticipe la réception.

Se référant à des études menées en neuro-imagerie fonctionnelle sur les corrélats cérébraux de l'action volontaire, Frith suggère chez les schizophrènes une perturbation de ces connexions entre le cortex préfrontal, mis en jeu dans la commande intentionnelle de l'action (Frith *et al.*, 1991) et les régions postérieures sensorielles associatives de réception. Il en résulterait un défaut de transmission des anticipations centrales (décharges corollaires), par les aires de production du langage, vers les aires temporales de réception traitant les effets sensoriels de cette production, et donc un défaut d'anticipation des réafférences perceptives liées à l'action engagée (Frith *et al.*, 1995 ; Frith, 1996 ; McGuire *et al.*,

1996). Le langage produit par le sujet serait alors perçu littéralement comme la parole d'autrui.

Cependant, rien ne permet d'affirmer que la conscience intentionnelle d'agir dépend effectivement du traitement cognitif, par le système de contrôle de l'action, des signaux centraux en rapport avec la commande motrice volontaire et nécessaire à son contrôle. Assimiler des faits cliniques subjectifs, comme les troubles de l'expérience de soi et du monde, à des mécanismes cognitifs de base, fait courir le risque de réductionnisme mentionné plus haut. Loin de conforter cette confusion, l'exploration cognitive renouvelle la manière de penser les relations entre conscience, intention, et action. Elle confirme que l'activité mentale même complexe est largement non consciente.

Des études expérimentales suggèrent également que la prise de conscience de l'action est une représentation construite, facultative (elle n'est pas nécessaire à l'exécution des opérations mentales) et rétrospective (produite après l'initiation de l'acte), produit de traitements cognitifs complexes (Gray, 1995 ; Jeannerod, 1997 ; Milner et Rugg, 1991). La conscience n'est pas un « agent » de la pensée ou des actes, mais un phénomène émergeant secondairement au décours du fonctionnement psychique, de manière discontinue, et dépendant de l'activité cognitive sous-jacente.

Libet (1985) a constaté que la prise de conscience de l'intention d'agir volontairement est systématiquement postérieure (de 350 ms) à l'initiation de l'acte. Selon certains auteurs, la conscience d'agir, facultative, ne s'opérerait que par intermittence et seulement lorsqu'est prise en compte une inadéquation entre les anticipations endogènes (représentation attendue de l'action) et les informations perceptives (Gray, 1995 ; Jeannerod, 1997). D'autres travaux suggèrent que la prise de conscience de l'intention d'agir ne dépend pas seulement d'informations centrales. L'attribution par le sujet d'intention à ses actes s'opérerait rétrospectivement, sur la base d'indices contextuels et serait en fait une interprétation rétrospective de l'action exécutée (Nisbett et Wilson, 1977).

L'approche cognitive propose ainsi de relier la construction de l'expérience intentionnelle aux mécanismes élémentaires de la planification de l'action. La représentation consciente et intentionnelle de l'action, qui semble perturbée chez les schizophrènes, serait un phénomène complexe qui se construit, s'organise secondairement. Dire que cette expérience est altérée chez certains schizophrènes, c'est donc décrire le trouble plutôt que l'expliquer. Le sujet ne manquerait pas tant d'un plan d'action que d'une « connaissance » de ce plan et de son activité mentale. La question est alors de savoir comment s'organise cette « connaissance » chez le sujet normal, et comment elle se désorganise dans la schizophrénie.

Là encore, en réfutant un modèle trop simple de l'expérience d'agentivité et en laissant entière la question de son origine, ces données obscurcissent la nature de son hypothétique altération dans la schizophrénie. Surtout, est-il possible de comprendre un trouble de la différenciation soi/autrui, comme celui des schizophrènes, sans prendre en compte les systèmes cognitifs et cérébraux impliqués dans la vie relationnelle ? et, dans le même temps, peut-on comprendre le jugement d'agentivité, qui implique l'attribution de l'action à soi ou à un autrui, sans prendre en compte la relation sociale ? Le trouble de représentation des intentions ne touche pas seulement les propres actes du sujet, mais aussi les actes d'autrui, d'où les troubles de la communication. Communiquer implique en effet une permanente interprétation du comportement d'autrui en termes d'intentions, de désir ou de croyances, c'est-à-dire la capacité d'attribuer des états mentaux à autrui, la possession de ce qu'on a appelé une « théorie de l'esprit ». Les schizophrènes souffriraient d'un trouble général de la représentation et de l'interprétation intentionnelle des actes.

4. Conscience de soi, conscience de l'autre

Nous avons donc proposé une analyse prenant plus en compte la nature « sociale » ou interactive des symptômes schizophréniques (Georgieff et Jeannerod, 1998). Il est sans doute nécessaire en effet de distinguer plusieurs systèmes de représentation d'action fonctionnellement distincts, à la fois du point de vue du mode de codage (accessible ou non à la conscience et à une représentation en première personne) et de ses coordonnées. D'un point de vue théorique, le contrôle de l'action nécessite une forme de codage directement convertible en mécanismes d'exécution (représentations pragmatiques), ce qui suppose par exemple que les coordonnées spatiales (nécessaires à la représentation du but ou de l'objet de l'acte) soient codées par rapport au corps, sur un mode « égocentrique » (Jeannerod, 1997).

Le niveau de l'attribution de l'action ou de l'agentivité, doit présenter en revanche des propriétés spécifiques correspondant à un mode d'encodage particulier de l'action et de l'environnement. L'attribution ou le jugement d'agentivité suppose un contexte social au sens de relationnel ou d'intersubjectif, qui inclue autrui. Pour des actes moteurs, la représentation visuelle de scènes d'action est un exemple de ce mode de codage social, dans la mesure où elle peut figurer aussi bien l'action du sujet que celle d'autrui, dans un système de référence ouvert ou publique (plutôt que privé) de coordonnées communes, codant l'action propre et celle d'autrui dans un même milieu. Cette distinction suggère que la reconnaissance des actions propres s'opérerait paradoxalement dans le système social ou public, qui code à la fois actions de soi et d'autrui, plutôt que dans le système égocentrique solipsiste du contrôle moteur. Ce système « social » serait proche du niveau déclaratif ou sémantique, lié au langage et à la possibilité d'une expression verbale de l'action, plutôt que du codage procédural (représentations pragmatiques) incompatible avec une expression verbale.

Or, les symptômes schizophréniques qui nous intéressent ici apportent des arguments, cliniques quant à eux, en faveur d'un tel modèle social ou « soi-autrui » du codage de l'action. Nous retiendrons deux arguments. D'abord, ils expriment en effet une double pathologie, « en miroir », de l'attribution erronée de l'action à soi ou à l'autre, et non un simple défaut de conscience de soi. Comme on l'a vu, les hallucinations verbales ou le syndrome d'influence témoignent bien d'un défaut de conscience du soi en action. Mais il existe fréquemment une clinique symétrique, observée chez des sujets délirants convaincus que leurs intentions ou leurs actions commandent les événements du monde, ou qu'ils exercent une influence sur la pensée et les actions d'autrui (Grivois, 1996 ; Janet, 1937). Le sujet a alors l'expérience pathologique d'être l'agent des actions d'autrui, voire des événements qu'il observe. Ces symptômes constituent un « syndrome d'influence inversé » ou « en miroir », une attribution par excès à soi d'actions d'autrui et d'événements externes, pourtant indépendants de l'action du sujet.

Ensuite, la structure clinique du syndrome d'influence et celle des hallucinations psychotiques, constituées de dialogue, d'interpellations, d'ordres et d'insultes adressés au sujet, ou de commentaires d'actes le désignant en troisième personne, éclaire également, sous la forme pathologique, le caractère transitif du système de codage de l'action. Le sujet halluciné ou influencé y est en effet toujours confronté à un autrui imaginaire, dans une interaction ou une interlocution. La question posée par ces symptômes est celle de l'expérience de l'action dans un schéma d'interaction entre un agent et autrui (Georgieff et Jeannerod, 1998). Ils suggèrent le dysfonctionnement d'un mode de représentation sociale de l'action, reposant sur des représentations communes ou partagées de l'action de soi et d'autrui, système pour lequel l'attribution d'agentivité correspondrait à une levée d'ambiguïté et à une différenciation soi-autrui. Comme l'ont constaté depuis longtemps les psychiatres et psychopathologues, la schizophrénie est une pathologie de la communication et du lien social, non seulement sous l'angle de la rupture ou de l'appauvrissement de ce lien (l'autisme schizophrénique), mais aussi sous celui des symptômes qui témoignent d'une perte des limites et d'une indistinction entre soi et autrui.

Les particularités de ces symptômes conduisent à préciser la nature des actions touchées par le processus pathologique. Ils témoignent de l'altération d'un domaine particulier de l'action, dont la représentation serait un mécanisme fondamental de la représentation de soi et de l'autre. Alors que la neuropsychologie a privilégié (du fait de sa clinique propre due aux lésions cérébrales, touchant en premier lieu la motricité et la perception) les actions dirigées vers un but ou un objet, élaborant sur cette base un modèle de l'action et de l'intention, la psychopathologie de la schizophrénie mais aussi de l'autisme infantile privilégie en revanche ce que nous appellerons ici des actions sociales (langage, actes de communication et actions relationnelles), dirigées vers l'autre ou vers l'action de l'autre, engageant deux sujets et les mettant en relation (dès le plan des représentations). Il s'agit d'un registre spécifique d'actions orientées non pas vers un objet mais vers autrui, plus exactement dirigées vers l'action ou l'intention de l'autre, et ayant pour but de susciter ou modifier chez autrui ses actions, intentions et/ou ses états mentaux.

C'est en ce sens que nous avons proposé d'introduire dans le modèle neuropsychologique cognitif de l'action un système spécifique pour les actions sociales ou interindividuelles qui sont l'objet de ce que l'on pourrait appeler ici la neuropsychologie cognitive sociale de l'action (Georgieff et Jeannerod, 1998). Nous avons suggéré que les troubles schizophréniques de l'identité pourraient exprimer une pathologie de la conscience de l'action invitant à poser, dans l'interaction et le partage social d'actions, la question du « qui » (« *who system* » ou système du « qui »), c'est-à-dire de l'agent de l'action, dissocié de la conscience de celle-ci.Les symptômes schizophréniques témoignent donc en ce sens d'une pathologie de la pragmatique de la communication. On peut d'ailleurs remarquer que l'organisation et le contrôle de ce type d'actions sociales reposent sur l'exploitation de méta-représentations des conduites (de soi et d'autrui), impliquant une différenciation soi/autrui, plutôt que sur des représentations strictement procédurales ou pragmatiques. Autrement dit, l'organisation et le contrôle de cette catégorie d'actions ne peuvent être compris en référence au modèle solipsiste du contrôle d'actes moteurs élémentaires, mais fait intervenir les niveaux méta-représentationnels et intentionnels sociaux.

VI. LA SCHIZOPHRÉNIE, PATHOLOGIE DE L'EMPATHIE ?

1. Action et empathie

Les données récentes de recherche sur les systèmes de perception et représentation de l'action motrice apportent des arguments en faveur d'un système neuro-cognitif de représentation d'action plus spécifiquement chargé de l'attribution et de la distinction entre soi et autrui. Elles suggèrent en effet l'existence d'un système de codage de l'action mis en jeu dans les interactions sociales, s'inscrivant dans un système de référence commun à soi et autrui.

L'étude des systèmes cérébraux et cognitifs spécialisés dans la représentation de l'action (Decety *et al.*, 1997 ; Jeannerod, 1997) a d'abord permis de relier action et représentation de l'action. L'imagerie fonctionnelle cérébrale démontre en effet une analogie (un circuit cortical partiellement commun, à l'exception des aires motrices primaires) entre l'activité cérébrale mise en jeu par la seule représentation mentale consciente de l'action motrice (ou « imagerie motrice »), par la préparation intentionnelle de celle-ci, et enfin par son exécution. Vouloir agir, ou se représenter l'action, serait d'une certaine manière agir. Ce préalable explique que nous désignions par le terme d'action non seulement le mouvement observable et exécuté, mais aussi la représentation qui lui est constamment liée c'est-à-dire l'événement mental qui l'accompagne. Ces deux aspects sont deux formes d'un même phénomène, le continuum représentation-exécution. Toute action exécutée (*overt action*) suppose une représentation, un état mental correspondant (*covert action*). En revanche, la forme représentationnelle ou mentale (*covert action*) peut être la seule forme de l'action.

La mise en évidence récente chez le singe de « neurones miroirs » (Rizzolatti *et al.*, 1996) suggère le rôle possible de ce système dans la communication et l'intersubjectivité. Certains neurones corticaux frontaux prémoteurs (« neurones miroirs ») sont en effet activés de manière identique lorsque l'animal se prépare à exécuter lui-même un certain acte moteur (saisir un aliment), et lorsque l'animal voit seulement l'expérimentateur exécuter ce même acte chez autrui.

Un mécanisme identique existerait chez l'homme, l'observation de l'acte activant les structures motrices au même titre que l'imagerie mentale, la préparation et l'exécution. Les neurones correspondant chez l'homme aux « *mirror neurons* » du singe seraient localisés dans la partie postéro-inférieure du lobe frontal, à la jonction des gyri frontaux précentral et inférieur (opercule frontal), à la limite des aires 6, 44 et 45. Les « neurones miroirs » ne sont pas perceptifs mais « représentationnels » (Jeannerod, 1997), c'est-à-dire qu'ils participent à un codage de l'action au-delà de sa seule perception : ils codent l'acte lui-même, ils assurent sa représentation et celle de son but aussi bien lors de son exécution, sans perception, que de sa perception, sans exécution.

Ces travaux suggèrent ainsi l'existence d'un système de codage transitif de l'action mis en jeu dans les interactions sociales. Le système de représentation d'action serait mis en jeu lorsque l'action est seulement représentée comme lorsqu'elle est préparée et exécutée, et surtout lorsque l'action est engagée par le sujet comme lorsqu'elle est perçue chez autrui (« lecture de l'action »). De même que se représenter l'action c'est agir, observer l'action c'est également agir. Ce système générerait donc des « représentations partagées » au sens de représentations communes à celui qui exécute et à celui ou ceux qui perçoivent l'action. Le codage de l'action pourrait être ainsi le support, grâce à une activation commune des systèmes d'actions, d'une relation transitive entre individus fondée sur le partage d'intentions et d'actes.

Cette fonction pourrait jouer un rôle dans les processus d'imitation (en particulier l'imitation précoce) et d'apprentissage. Mais la mise en évidence de la fonction de partage d'action liée au système des neurones miroirs donne surtout des arguments en faveur de l'hypothèse dite « simulationniste » de la théorie de l'esprit (Gallese et

Goldman, 1998). Le système de représentation et perception de l'action ferait en effet partager avec l'agent observé une forme de représentation de son action et permettrait ainsi de se mettre à la place de l'autre. Il permettrait par identification à l'autre la compréhension intentionnelle de l'action perçue, donnerait accès aux émotions de l'agent. Il serait un des mécanismes de l'empathie, terme par lequel on traduit l'*Einfühlung*, concept fondamental en psychologie et sociologie développé par T. Lipps puis repris par Freud (Pigman, 1995). L'empathie désigne le mécanisme de base (distinct de la perception comme de l'introspection) de la connaissance d'autrui, permettant de se représenter et partager les états mentaux et les émotions d'autrui, sous-jacente à la fonction de « théorie de l'esprit » (Leslie, 1987 ; Premack et Woodruff, 1978), et qui correspond à la notion contemporaine de « *mind reading* » (Baron-Cohen, 1995).

Les propriétés des systèmes de codage de l'action et les neurones miroirs viennent ainsi conforter les hypothèses de Lipps, qui postulait déjà que l'empathie reposait sur un partage de représentations motrices. Pour Lipps (Pigman, 1995), ce sont en effet les impulsions motrices automatiquement induites par la vue de l'expression de l'émotion sur le visage de l'autre (les influx nécessaires à la production de cette expression) qui permettent la tendance à ressentir l'état affectif correspondant. La représentation motrice assure la reproduction chez le spectateur de l'état affectif à partir de la perception de l'action de l'autre. La vision de l'expression correspond déjà à un « début d'imitation », une « imitation interne », comme les recherches actuelles montrent que la perception de l'action correspond à l'activation d'une représentation de celle-ci. Freud (1930) formulera une hypothèse motrice analogue : « J'ai acquis la représentation d'un mouvement d'une certaine amplitude en exécutant ou en imitant moi-même ce mouvement, et, à l'occasion de cet acte, j'ai appris à connaître, dans mes sensations d'innervation, une mesure de ce mouvement. Or lorsque je perçois, chez un autre, un mouvement similaire [...] la voie qui me mènera le plus sûrement à sa compréhension — à son aperception — coïncidera avec celle que je suivrais moi-même pour reproduire, par imitation, ce même mouvement [...]. Cette impulsion à l'imitation se produit sans aucun doute lors de la perception du mouvement. [...] Mais je n'imite pas en réalité ce mouvement [...] je représente ce mouvement à l'aide des traces de souvenirs laissées en moi par les dépenses que des mouvements analogues ont exigées de moi. Le "représenter" ou le "penser" se distingue de l'"agir"ou de l'"exécuter" surtout en ce qu'il déplace des énergies d'investissement beaucoup moindres et qu'il empêche la liquidation de la dépense principale ».

2. Schizophrénie et empathie

Nous avons suggéré que la différenciation entre actions propres et actions d'autrui (c'est-à-dire l'attribution de l'agentivité) repose également sur ce système de représentation d'action liée aux neurones miroirs, et que ce processus pourrait être perturbé chez certains sujets schizophrènes présentant des symptômes à type d'hallucination, de syndrome d'influence ou de syndrome d'influence « inversé », c'est-à-dire différentes formes d'anomalies d'attribution de l'agentivité (Georgieff et Jeannerod, 1998). Constituant une interface fonctionnelle entre action de soi et d'autrui, le système de représentation d'action pourrait en effet confronter, comparer ou relier les actions ou intentions propres, et les actions ou intentions d'autrui, permettant ainsi à la fois l'interprétation des conduites intentionnelles d'autrui en regard des intentions propres au sujet, et une discrimination entre les actions et intentions propres et celles attribuées à l'autre.

Les symptômes « positifs » schizophréniques, qui expriment sous deux aspects symétriques une altération de l'agentivité et du jugement d'attribution de l'action, pourraient exprimer une altération spécifique de ce système. Cette hypothèse présente en effet l'intérêt de décrire les deux versants de la pathologie psychotique de l'expérience de l'action (excès ou défaut d'attribution intentionnelle) dans le cadre du dysfonctionnement d'un même système représentationnel.

Les perturbations fonctionnelles touchant ce système peuvent en effet se traduire par les deux types d'erreurs possibles d'attribution, correspondant aux deux versants « en miroir » de la clinique schizophrénique « positive ».

En particulier, la sensibilité du système de régulation de l'action aux actions perçues chez autrui pourrait constituer un mécanisme de ces expériences pathologiques comme le syndrome d'influence. Cette transitivité suppose en effet non seulement un partage des représentations d'action, mais aussi une réceptivité aux actions d'autrui, telle que celles-ci seraient capables, grâce à l'équivalence fonctionnelle entre perception, représentation, préparation et exécution, d'exercer une influence réelle et normale sur le système d'action du sujet percevant. Cette influence physiologique pourrait constituer un mécanisme de l'imitation immédiate, dont l'imitation précoce chez le bébé, et des conduites pathologiques mimétiques ou « en miroir » observées notamment dans les psychoses débutantes ou en phase aiguë, et dans l'autisme infantile. Des mécanismes d'inhibition empêchent que nous ne soyons constamment forcés à imiter les actions que nous percevons. L'expérience pathologique d'influence pourrait impliquer une altération de ce processus et correspondre de ce point de vue à une pathologie de l'empathie. Les délires d'influence psychotiques correspondraient à une expérience pathologique et aliénante de ce processus constitutif de l'empathie, normalement mis en jeu dans les interactions sociales mais ne donnant pas lieu à une expérience consciente.

Mais inversement, dans la mesure où ce même système participe à l'attribution d'intentions à autrui et à l'attribution d'agentivité, son dysfonctionnement pourrait se traduire par les symptômes « inverses » liés à un excès d'auto-attribution d'actions d'autrui et d'événements externes que le sujet relie à ses intentions propres, dans les expériences de « centralité » (Grivois, 1996), et dans le « syndrome d'influence inversé », catégorie de troubles que Janet nommait « subjectivation intentionnelle ».

En dehors des troubles de la distinction soi/autrui, deux aspects fondamentaux de la clinique schizophrénique peuvent être éclairés par l'hypothèse d'une altération de la fonction assurant l'accès à la vie mentale d'autrui, fonction que l'on peut nommer « théorie de l'esprit » (« mind reading ») (« lecture de l'esprit »), ou empathie comme nous avons choisi de le faire ici.

Le premier est l'autisme schizophrénique, c'est-à-dire le retrait relationnel et la rupture de communication, qui pourrait être relié à un perturbation fondamentale de l'empathie, rendant le sujet inaccessible aux conduites intentionnelles d'autrui.

Le second, que nous avons déjà évoqué, est le domaine des troubles complexes et multiples du contact, de la communication verbale et non verbale, ou de l'ajustement relationnel désignés par les termes de bizarrerie, d'étrangeté ou d'hermétisme schizophréniques. En effet, la représentation et l'anticipation pertinente des états mentaux (des intentions) et émotionnels d'autrui constitue un mécanisme essentiel de la régulation des interactions avec autrui, qu'il s'agisse du langage (la fonction de théorie de l'esprit permet en effet l'accès à l'intention ou « vouloir dire » de l'interlocuteur, et à ce titre est nécessaire à la pragmatique de la communication), mais aussi plus largement des interactions reposant sur les conduites et les émotions. Un défaut d'empathie ou de théorie de l'esprit peut donc rendre compte des troubles de l'ajustement relationnel des schizophrènes, définis de ce point de vue comme des troubles de la pragmatique de la communication.

Tout se passe comme si le schizophrène était engagé, à travers ses symptômes hallucinatoires et délirants, dans une confusion avec un autrui imaginaire. Notre hypothèse est que ces symptômes témoignent du dysfonctionnement d'un système social de codage de l'action, système sans doute normalement mis au service de nombreuses fonctions, dont l'imitation, le jugement d'attribution des actions et intentions, et particulièrement destiné à l'empathie. Ce système repose au moins en partie sur la perception et la représentation des actions motrices et des intentions que ces actions expriment. Nous avons tenté de montrer que cet autrui pouvait être inscrit en quelque sorte dans la structure même du codage de l'action, pour les actions sociales et intentionnelles, et également dans l'organisation fonctionnelle cérébrale (« neurones miroirs »). Le schéma d'action inclurait ainsi un « autre virtuel », selon le terme repris initialement par le chercheur C. Trevarthen dans son modèle développemental neurobiologique.

Cette notion est en effet compatible avec le système IMF (*Innate Motive Formation*) décrit par C. Trevarthen (1993) : système régulateur du développement qui prédispose l'individu à l'intersubjectivité et génère les conduites intersubjectives grâce à l'intériorisation d'un « autre virtuel » permettant l'anticipation de ses réponses. Selon Trevarthen, le développement neurobiologique précoce repose sur une capacité innée du bébé à se représenter, dans l'interaction, les comportements d'autrui et à les anticiper, ces représentations assurant une régulation des propres comportements du bébé. Les résultats des analyses de films réalisés par Trevarthen montrent que les séquences d'interaction mère-enfant (regards, mimiques, vocalisations) débutent en général par une intervention de l'enfant. Ces aptitudes innées du sujet humain à interagir avec autrui dépendraient d'un système neurobiologique et cognitif (IMF), qui prédispose l'individu à l'intersubjectivité. L'IMF régule le développement du système nerveux central, et génère les conduites intersubjectives. Il permet à l'individu engagé dans une interaction d'anticiper l'autre et ses conduites, grâce à l'intériorisation de cet autre virtuel. Cette fonction essentielle pour le développement reste ultérieurement nécessaire à la régulation de la communication et des interactions, également fondée sur l'anticipation des conduites et des états mentaux de l'autre, c'est-à-dire sur une fonction d'empathie ou de « théorie de l'esprit ».

On peut suggérer que cet « autre virtuel » soit inhérent à la structure même de la représentation de l'action, comme semblent l'indiquer les particularités du codage transitif de l'action (des représentations partagées) mises en évidence par l'étude des neurones miroirs.

La structure intersubjective des hallucinations verbales (interpellation, ordre, insulte...), comme l'expérience délirante persécutive d'être l'objet des actions et intentions d'autrui, exprimerait ainsi une expérience pathologique de la relation entre le soi et cet « autre virtuel », qui est inhérent à la structure des représentations d'actions sociales ou interindividuelles et dont la représentation est implicitement exploitée dans les interactions normales.

Cette perspective laisse bien sûr des questions sans réponse, tant en ce qui concerne les structures neurobiologiques concernées, dont la description est seulement esquissée aujourd'hui, que la nature de l'altération supposée dans la pathologie. Mais elle invite à comprendre la schizophrénie comme une pathologie de la constitution du « soi » dans un environnement social, impliquant des conduites intentionnelles relationnelles. Comme l'action motrice suppose une représentation complexe ou une connaissance (largement implicite) de l'objet vers lequel elle s'oriente, l'action interindividuelle implique la construction d'une représentation de l'état intentionnel de l'autre, étroitement liée à une représentation du soi en action, ainsi qu'une représentation de la relation et de la distinction entre le soi et cet autre. Une désorganisation de ce processus de représentation mutuelle du soi et de l'autre dans et par l'action pourrait être sous-jacente aux symptômes dits « positifs » de la schizophrénie : les hallucinations verbales, le syndrome d'influence et les délires liés à un trouble d'attribution de l'action, qui expriment une relation indifférenciée ou projective entre soi et l'autre. Ces symptômes constituent différents aspects d'une pathologie de l'empathie et de la constitution des représentations de soi et d'autrui en interaction. Ces recherches contribuent à définir le champ des neurosciences cognitives à « deux sujets » ou à « deux cerveaux », explorant les mécanismes de la vie sociale et de l'intersubjectivité.

Conclusions

Forme archétypique de la psychose, la schizophrénie ouvre des multiples champs de réflexion et de recherche en psychiatrie et psychopathologie, et surtout invite à les articuler entre eux. Nous avons surtout décrit ici des perspectives de recherche, plutôt que l'approche clinique, fondée sur la relation avec le sujet schizophrène et de la prise en compte de sa souffrance, conditions de tout traitement.

Encore bien éloignée des recherches évoquées ici, cette pratique clinique constitue cependant l'essentiel du travail quotidien des médecins, psychologues et infirmiers, au contact des malades et de leur famille. La réintégration sociale des malades est également l'objet d'un effort considérable. Il est encore difficile d'évaluer les conséquences des recherches fondamentales pour cette pratique, mais elles sont le plus souvent encore indirectes. Cependant l'articulation de certaines données cliniques avec les neurosciences, longtemps impossible, semble aujourd'hui envisageable. Des études du fonctionnement cérébral peuvent être mises en relation avec certaines opérations mentales ou cognitives élémentaires, accessibles à l'étude expérimentale, et qui participent elles-mêmes à la production des phénomènes cliniques. Les différents niveaux explicatifs ou causaux doivent être rigoureusement distingués. Mais des recherches de corrélation deviennent ainsi possibles, notamment pour comprendre les mécanismes de certains symptômes, l'action des médicaments, et ouvrir à l'avenir de nouvelles perspectives thérapeutiques.

Riche et complexe, la clinique schizophrénique interroge nos modes de compréhension de la représentation de soi, de l'intersubjectivité, et de leur constitution autant au décours du développement que plus tard à chaque instant de la vie mentale et de la relation avec autrui. Elle interroge la nature de la représentation mentale et du langage, comme celle du lien avec autrui et du rapport au monde ou à la « réalité ». Elle suscite ainsi la convergence d'approches aussi diverses que la philosophie, la psychanalyse, les sciences cognitives, les sciences de la communication, la psychologie sociale, mais aussi la neurobiologie, la psychopharmacologie, la neuropsychologie et la génétique.

En tant que trouble de l'identité (à soi et à l'autre) et de la différenciation entre soi et autrui, la schizophrénie occupe aujourd'hui une position cruciale dans la recherche psychopathologique moderne, dans la mesure où la psychologique scientifique contemporaine, notamment sous la forme des sciences cognitives, explore à son tour le champ de la conscience, de l'identité et de la vie relationnelle, et renouvelle les hypothèses psychopathologiques anciennes. Conscience de soi, subjectivité, volition, communication et relation interpersonnelle ou interpsychique sont ainsi redéfinies du point de vue des neurosciences cognitives de l'action, perspective que nous avons choisi de développer du fait de l'intérêt théorique du modèle de l'action qui permet notamment aujourd'hui de rapprocher psychologie et cerveau grâce à l'interface cognitif. La clinique schizophrénique éclaire en effet différents niveaux de pathologie de l'action, du contrôle moteur à l'intentionnalité, de l'organisation à la représentation de l'acte.

Si la schizophrénie invite ainsi à un pluralisme psychopathologique, en revanche il faut reconnaître que sa complexité est l'expression aussi d'une hétérogénéité qui indique la fragilité du concept même de schizophrénie. Au modèle de Bleuler unifié par la référence à un mécanisme physiopathologique commun (mais qui déjà cependant évoquait un « groupe des schizophrénies »), a succédé une diversité de formes cliniques susceptibles de devenir chacune (comme les symptômes « positifs » que nous avons privilégiés ici) un objet d'étude autonome. À une distinction nette entre normal et pathologie se substitue la notion d'un spectre, c'est-à-dire d'un gradient de sévérité selon un continuum de traits cognitifs et cliniques, menant des sujets vulnérables mais sains aux sujets malades. Les hypothèses étiologiques actuelles soulignent enfin l'importance de la période précédant le déclenchement des troubles, et conduisent à comprendre ceux-ci au regard des connaissances sur le développement.

De nature en fait essentiellement descriptive et non explicative, et dépendante d'un contexte historique, la notion de schizophrénies est menacée de désagrégation au gré des progrès des connaissances sur la physiopathologie de ses différents symptômes. Il est probable que la nosographie psychiatrique, fondée jusqu'ici sur une description des comportements de nature empirique car privée de bases physiopathologiques, devra se réorganiser au fur et à mesure que seront identifiées et mieux connues les fonctions sous-jacentes, dont l'altération est à l'origine des troubles cliniques : mécanismes cognitifs et neurobiologiques de la conscience de soi et d'autrui, de l'organisation du comportement et notamment des conduites sociales ou relationnelles, fonctions assurant la régulation des interactions avec autrui, de la construction de l'intentionnalité, de la régulation de la vie émotionnelle, mécanismes de l'attachement… Or on voit seulement aujourd'hui émerger ces fonctions dans le champ des sciences de l'esprit contemporaines et de la biologie. L'étude de la schizophrénie, qui exprime des perturbations diverses de ces différentes propriétés de l'esprit, constitue donc un champ privilégié de recherches contribuant à la connaissance du fonctionnement psychique, en même temps qu'à la compréhension de la pathologie.

Glossaire

Affect : pour le vocabulaire psychologique classique, affect renvoie à l'état affectif, se situant de manière variable entre les deux pôles du pénible et de l'agréable. Pour le vocabulaire psychanalytique, qui distingue du point de vue des phénomènes psychiques élémentaires deux composantes, l'affect et la représentation, l'affect est la charge énergétique liée à la représentation. Freud parle de « quantum d'affect », c'est-à-dire d'une quantité donnée d'énergie pulsionnelle « investissant » la représentation. Il témoigne donc de la dimension énergétique ou économique du fonctionnement psychique. Il s'exprime au niveau subjectif par un état affectif qui se définit, quant à lui, qualitativement : plaisir ou déplaisir.

Association libre : le terme d'association désigne en psychologie une liaison entre des éléments psychiques. La méthode ou règle de l'association libre consiste à « exprimer sans discrimination toutes les pensées qui viennent à l'esprit » (*Vocabulaire de la psychanalyse*, J. Laplanche et J.-B. Pontalis, PUF) au cours de la séance de psychanalyse. Il s'agit en fait de réduire la censure liée au fonctionnement logique, au jugement conscient, pour observer les buts inconscients qui déterminent selon Freud le fonctionnement psychique.

Attention sélective : fonction correspondant à la sélection des informations perceptives (rôle de « filtre »), permettant un meilleur traitement des informations sélectionnées, ou à la sélection et à la modulation des réponses. L'attention sélective est ainsi étroitement liée à la notion de choix, et témoigne d'une capacité limitée du système cognitif. Elle correspond donc à un effort ou à un coût mental. La limitation des capacités de traitement peut être représentée par exemple comme une quantité finie de ressource, qui ne pourrait être investie dans différents secteurs perceptifs ou d'action sans être répartie et divisée, donc sans causer d'interférences — ce qui caractérise en effet les processus dépendants de l'attention. L'attention sélective est distinguée de la vigilance ou de l'alerte, forme d'attention soutenue mais non sélective, et de l'attention « automatique » qui assure une sélection mais sans coût ou dépense. Elle ne correspond pas non plus à la conscience. Les processus cognitifs dépendants de la mise en jeu de l'attention sélective sont dits « contrôlés », et distingués des processus « automatiques » qui n'imposent pas de coût et ne sollicitent pas la capacité attentionnelle limitée.

Autisme schizophrénique : il est distingué de l'autisme infantile précoce, maladie décrite par Léo Kanner en 1943, d'étiologie inconnue. De plus, le terme d'autisme schizophrénique prend des sens différents selon qu'il est employé par la psychanalyse, comme un mécanisme psychique, ou la phénoménologie, comme un phénomène, une expérience.

Béhaviorisme : courant qui a privilégié l'étude du comportement dans ses rapports avec le milieu, considérant que le fonctionnement mental sous-jacent était difficilement accessible à l'analyse scientifique.

Ça : l'une des trois instances, avec le moi et le surmoi, distinguées par Freud dans l'appareil psychique. Le « ça » correspond au pôle pulsionnel, c'est-à-dire aux sources inconscientes, énergétiques et sexuelles du fonctionnement psychique. C'est l'instance à l'égard de laquelle s'exerce le refoulement opéré par le moi.

Cognitif : ce terme désigne fréquemment les mécanismes de prise et de traitement de l'information impliqués par l'activité psychique. On oppose souvent, de ce point de vue, le domaine « cognitif » et celui des motivations et des émotions, ou affects. En fait, « cognitif » peut définir également, plutôt qu'une partie du psychisme, un niveau d'analyse particulier du psychique dans son ensemble, y compris la dimension affective. L'étude « cognitive » est alors définie par la prise en compte des mécanismes élémentaires, nettement, distingués des phénomènes psychiques complexes.

Cognitivisme : ce courant s'est développé en s'opposant au béhaviorisme. Contrairement à ce dernier, les sciences cognitives prennent pour objet l'intérieur de la « boîte noire », le fonctionnement mental et les comportements. Elles utilisent la méthode expérimentale contrairement à l'approche clinique). Enfin, il s'agit d'une science interdisciplinaire, impliquant la psychologie (Jean Piaget notamment) mais aussi la linguistique, les mathématiques, la neuropsychologie, etc. Si certains travaux portent sur les cognitions « naturelles » (le fonctionnement de l'esprit), d'autres visent à simuler ou reproduire artificiellement ces aptitudes (intelligence artificielle).

Connexionnisme : courant au sein des sciences cognitives, proposant des théories et des modèles de fonctionnement cognitif fondés sur la notion de réseaux. Le traitement de l'information dépendrait de l'interaction d'un grand nombre d'unités de traitement, interconnectées et constituant des réseaux complexes à plusieurs couches. De tels réseaux permettent un traitement « parallèle » et non « séquentiel » (c'est-à-dire de multiples opérations simultanément et non successivement), et dégagent la notion de représentation distribuée ou répartie. La représentation d'une information en mémoire, par exemple, correspond à une certaine configuration d'activité dans le réseau, impliquant de multiples unités participant elles-mêmes à de multiples autres configurations correspondant à d'autres représentations. Ces modèles permettent de construire des réseaux simulant des traitements complexes — reconnaissance de forme, de lettre et de mots —, et peuvent « apprendre » une tâche en modifiant progressivement l'état de leurs connexions.

Conscience : qualité momentanée de perceptions internes ou externes, et, selon la théorie freudienne, « organe des sens » pour la perception des qualités psychiques.

Cortex (ou écorce cérébrale) : substance grise formée de six couches superposées de neurones et qui recouvre l'ensemble du cerveau.

Déni : mécanisme de défense décrit en psychanalyse (notamment pour la psychose), consistant à refuser de reconnaître ou prendre en compte la réalité ou une partie de celle-ci.

DSM-IV : manuel diagnostique édité par l'Association américaine de psychiatrie, proposant des critères internationaux de reconnaissance des maladies mentales.

Fonctionnalisme : dans la perspective dite fonctionnaliste, le complexe esprit/cerveau est suceptible d'une double description, matérielle ou physique au sens large, et informationnelle ou fonctionnelle. Ces deux niveaux sont indépendants et le rapport qui s'établit entre eux est analogue à celui qui relie le traitement d'information par un programme informatique et le système électronique de l'ordinateur qui exécute ce traitement (voir Andler, *Introduction aux sciences cognitives*, « Folio essais », Gallimard, 1992). Cette métaphore ne permet pas pour autant d'assimiler le cerveau à un ordinateur, ni de considérer qu'une machine puisse « penser ». Elle ne suppose pas non plus une indépendance totale entre une activité psychique et son substrat biologique.

Ganglions de la base : noyaux cérébraux sous-corticaux, impliqués en paticulier dans la mémoire des actes moteurs, leur sélection et leur régulation.

Hippocampe : cette partie du lobe temporal du cerveau est un lieu de passage obligé des informations à mettre en mémoire. Les traces « mnésiques » y sont stockées et consolidées.

Identification : dans la théorie psychanalytique, processus complexe par lequel se constitue une représentation du sujet ou de soi.

Investissement : dans le vocabulaire psychanalytique, le fait qu'une quantité d'énergie psychique (libido) s'attache à une représentation.

IRM (ou RMN) : imagerie par résonance magnétique nucléaire. Technique permettant d'obtenir des images des structures cérébrales (comme le scanner ou tomodensitométrie).

Libido : l'énergie psychique, de nature pulsionnelle sexuelle, selon Freud. Il suppose une sorte d'équilibre entre l'investissement du moi (libido du moi ou narcissique) et de la réalité extérieure (libido d'objet), perturbé chez le schizophrène dans le sens des excès de libido narcissique.

MEG : magnétoencéphalographie. Technique récente d'imagerie cérébrale fonctionnelle.

Métareprésentation : pour certaines approches cognitives, mode de représentation ou de connaissance des traitements cognitifs eux-mêmes. La métareprésentation est la représentation de l'activité de la représentation elle-même. En dérive la notion de « théorie de l'esprit », qui correspondrait à la capacité de se représenter, en les distinguant, ses propres états mentaux (pensées, désirs, croyances, « intentions ») et ceux d'autrui.

Moi : instance psychique assurant en particulier les relations du fonctionnement psychique avec la réalité et sous la dépendance du ça et du surmoi.

Neuroleptiques : médicaments utilisés en particulier dans le traitement des psychoses. Le premier d'entre eux, le Largactil®, a été découvert en 1952. On les classe selon leur action antiproductive (réduction du délire et des hallucinations), sédative (effet sur l'anxiété et l'agitation), et désinhibitrice ou antidéficitaire (action sur le retrait autistique).

Neurone : cellule de base du fonctionnement cérébral qui comprend un corps cellulaire et des prolongements : l'axone, voie de conduction de l'influx nerveux qui transmet le neurone, et les dendrites.

Neuropsychologie : science étudiant les rapports entre les comportements — ou les fonctions mentales —, et le fonctionnement cérébral. L'étude des effets des lésions cérébrales (par exemple des aphasies, destructions cérébrales localisées perturbant le traitement et la production du langage) y occupe une place fondamentale. La neuropsychologie cognitive tente actuellement de relier les neurosciences et les sciences cognitives, en étudiant les mécanismes cérébraux sous-jacents aux processus cognitifs (mémoire, perception, langage, action...).

Neurotransmetteur : substance fabriquée par le neurone et stockée dans sa partie terminale, permettant la transmission de l'influx nerveux à un autre neurone contigu à travers un espace appelé « synapse ».

Objet : en psychanalyse, ce terme désigne une chose, une personne ou une partie de celle-ci, réelle ou imaginaire, permettant la satisfaction de la pulsion.

Obsession : pensée répétitive et absurde, involontaire, s'imposant au sujet malgré son opposition. Symptôme de la névrose obsessionnelle.

PET : tomographie à émission de positons. Technique permettant d'obtenir des images du fonctionnement du cerveau, et non seulement de sa structure. Différentes techniques d'imagerie fonctionnelle évaluent l'activité des régions cérébrales en mesurant les débits sanguins régionaux ou le métabolisme cérébral du glucose par les neurones. Elles peuvent être combinées à l'exécution de tâches cognitives précises.

Phobie : peur incontrôlable, jugée absurde par le sujet lui-même, déclenchée spécifiquement par une situation ou un objet précis et en eux-mêmes inoffensifs. Symptôme de la névrose phobique.

Planification : fonction nécessaire au contrôle et à la réalisation d'un comportement orienté vers un but, impliquant le choix d'un plan d'action, l'organisation temporelle de ses étapes successives, le contrôle de son exécution, entraînant l'intégration d'informations internes (besoins, représentation du but, anticipation des effets de l'action) et externes (informations sur la situation). Cette fonction intégratrice semble dépendre du lobe frontal.

Pragmatique : condition d'utilisation du langage et de l'« acte de parole », du point de vue des différents mécanismes de l'interaction entre le locuteur et l'interlocuteur. Théorie issue de la linguistique.

Préconscient : selon Freud, système psychique non conscient mais accessible à la conscience, régi par les processus secondaires comme le conscient, et séparé de l'inconscient par le refoulement.

Projection : selon l'une des acceptions du terme, mécanisme psychotique décrit en psychanalyse et par lequel un événement « interne » est perçu au-dehors du sujet, comme « externe ». Freud considère la projection comme un mode de défense contre certaines représentations de désir inconscient, chez le paranoïaque en particulier où un sentiment amoureux inconscient est inversé puis projeté et apparaît sous l'aspect d'une persécution par autrui.

Surmoi : instance psychique décrite par Freud, résultant d'une intériorisation des fonctions parentales et assurant en particulier la représentation des interdits.

Système limbique : ensemble de structures cérébrales, comprenant notamment l'hippocampe et le noyau amygdalien, impliqué en particulier dans la mémoire et les réactions émotionnelles.

Bibliographie

AZORIN J.-M. (1993), « La dissociation schizophrénique », *Revue internationale de psychopathologie*, 12, 529-559.

BARON-COHEN, S. (1995), *Mindblindness*, Cambridge, Ma, MIT Press.

BENTALL, R., BAKER, G., HAVERS, S. (1991), « Reality Monitoring and Psychotic Hallucinations », *British Journal of Clinical Psychology*, 30, 213-222.

BLEULER E. (1993), *Dementia praecox ou groupe des schizophrénies*, Paris, EPEL GREC.

BRAFF D.L. (1992), « Information Processing and Attention Dysfunctions in Schizophrenia », *Schizophrenia Bulletin*, 19, 2, 233-259.

CLEGHORN J.M., FRANCO S., SZECHTMAN B. (1992), « Towards a Brain Map of Auditory Hallucinations », *American Journal of Psychiatry*, 149, 1062-1069.

DANION J.-M., PÉRETTI S., GRAS-VINCENDON A., SINGER L. (1993), « Les troubles de la mémoire dans la schizophrénie », *L'Encéphale*, XVIII, 315-328.

DAPRATI E., FRANCK N., GEORGIEFF N., PROUST J., PACHERIE E., DALERY J., JEANNEROD M. (1997). « Looking for the Agent : An Investigation into Consciousness of Action and Self-Consciousness in Schizophrenic Patients », *Cognition*, 65, 71-86.

DAVID A.S. (1994), « The Neuropsychological Origin of Auditory Hallucinations », in A.S. David, J.C. Cutting (éd.), *The Neuropsychology of Schizophrenia*, Hove, Lawrence Erlbaum, 269-313.

DECETY J., GREZES J., COSTES N., PERANI D., JEAN-NEROD M., PROCYK E., GRASSI F., FAZIO F. (1997), « Brain

Activity During Observation of Actions. Influence of Action Content and Subject's Strategy », *Brain*, 120, 1763-1777.

EY H. (1977), *La Notion de schizophrénie*, Paris, Desclée de Brouwer.

FARRER C., FRANCK N., GEORGIEFF N., FRITH C.D., DECETY J., JEANNEROD M. (2003), « Modulating the Experience of Agency : A Positron Emission Tomography Study », *NeuroImage*, 18, 324-333.

FARRER C., FRANCK N., FRITH C.D., DECETY J., GEORGIEFF N., D'AMATO T., JEANNEROD M. (2004), « Neural Correlates of Action Attribution in Schizophrenia », *Psychiatry Research NeuroImaging*, 131, 31-44.

FRANCK N. (2003), « Neuropathologie de la schizophrénie », *Encycl Med Chir, Psychiatrie*, 37-285-A-18.

FRANCK N., FARRER C., GEORGIEFF N., MARIE-CARDINE M., DALÉRY J., D'AMATO T., JEANNEROD M. (2001), « Defective recognition of one's own actions in patients with schizophrenia », *American Journal of Psychiatry*, 158, 454-459.

FRANCK N., GEORGIEFF N. (2002), « Hypothèses neurodéveloppementales de la schizophrénie », *La Revue du praticien*, 52, 1202-1207.

FRANCK N., THIBAUT F. (2003), « Hallucinations », *Encycl Med Chir, Psychiatrie*, 37-120-A-10.

FREUD S. (1911), « Remarques psychanalytiques sur l'autobiographie d'un cas de paranoïa », in *Cinq psychanalyses*, Paris, PUF, 1954.

FREUD S. (1911), « Formulation sur les deux principes du cours des événements psychiques », in *Résultats, Idées, Problèmes*, (I) Paris, PUF, 1984.

FREUD S. (1914), « Pour introduire le narcissisme », in *La Vie sexuelle*, Paris, PUF, 1969.

FREUD S. (1915), « L'Inconscient », in *Métapsychologie*, Paris, Gallimard, 1968.

FRITH C.D. (1996), « The Role of the Prefrontal Cortex in Self-Consciousness : The Case of Auditory Hallucinations », *Phil. Trans. R. Soc. Lond. B.*, 351, 1505-1512.

FRITH C.D. (1992), *The Cognitive Neuropsychology of Schizophrenia*, Hove, Lawrence Erlbaum.

GALLESE V., GOLDMAN A. (1998), « Mirror Neurons and the Simulation Theory of Mind-Reading », *Trends in Cognitive Science*, 2, 493-501.

GARRABE J. (1992), *Histoire de la schizophrénie. Médecine et histoire*, Paris, Seghers.

GEORGIEFF N. (2000), « Neuropsychopathologie cognitive sociale de l'action : apport à l'étude des symptômes positifs de la schizophrénie », *Intellectica*, 2, 31, 191-225.

GEORGIEFF N. (1995), « Recherches cognitives et schizophrénie », in J. Dalery, T. D'Amato (éd.), *La Schizophrénie : nouvelles perspectives,* Paris, Masson.

GEORGIEFF N., JEANNEROD M. (1998), « Beyond Consciousness of External Reality. A Conceptual Framework for Consciousness of Action and Self Consciousness », *Consciousness and Cognition*, 7, 465-477.

GRAY J. A., FELDON J., RAWLINS N.P. *et al.* (1991), « The Neuropsychology of Schizophrenia », *Behavioral and Brain Sciences*, 14, 1-84.

GRIVOIS H. (1996), *Le Fou et le Mouvement du monde*, Paris, Masson.

HARDY-BAYLE M.C. (1995), « Traitement de l'information et troubles mentaux », in D. Widlöcher, *Traité de psychopathologie*, Paris, PUF, 463-498.

HARVEY P. D. (1985). « Reality Monitoring in Mania and Schizophrenia », *Journal of Nervous Mental Disease*, 173, 67-73.

HOCHMANN J., JEANNEROD M. (1991), *Esprit, où es-tu ?*, Paris, Odile Jacob, 1990.

HOFFMAN R. E. (1986), « Verbal Hallucinations and Language Production Processes in Schizophrenia », *Behavioral and Brain Sciences*, 9, 503-548.

JANET P. (1937), « Les troubles de la personnalité sociale », *Annales médico-psychologiques*, t. II, 149-200 et 421-468.

JEANNEROD M. (1997), *The Cognitive Neuroscience of Action ?*, Oxford, Blackwell.

JEANNEROD M. (1993), « Intention, représentation, action », *Revue internationale de psychopathologie*, 10, 167-191.

KERNBERG O. (1975), *Les Troubles limites de la personnalité*, Privat, Toulouse.

KIRCHER T., DAVID A. (2003), *The Self in Neuroscience and Psychiatry*, Cambridge University Press.

KLEIN M. (1966), « Notes sur quelques mécanismes schizoïdes », in *Développements de la psychanalyse*, Paris, PUF, 274-299.

LACAN J. (1981), *Le Séminaire*, livre III : *Les Psychoses*, Paris, Le Seuil.

LANTERI-LAURA G. (1992), *Les Hallucinations*, Paris, Masson.

LANTÉRI-LAURA G., GROS M. (1984), *La Discordance*, Paris, Unicet.

LANTÉRI-LAURA G., DEL PISTOIA L. (1987), « Étude clinique et diagnostique de la schizophrénie », *Encyclopédie médico-chirurgicale*, (Paris, France), Psychiatrie, 37282 A 10, 2-1987.

LESLIE A.M. (1987), « Pretense and Representation : The Origins of "Theory of Mind" », *Psychological Review*, 94, 4, 412-426.

LIBET B. (1985), « Unconscious Cerebral Initiative and the Role of Conscious Will in Voluntary Action », *Behavioral and Brain Sciences*, 6, 529-566.

MARIE-CARDINE M. (1995), « Psychopathologie de la schizophrénie », in J.-C. Scotto (éd.), *Les Schizophrénies*, Paris, Flammarion.

MARTINOT J.-L. (1995), « Imagerie cérébrale des psychoses schizophréniques », in J. Dalery, T. D'Amato (éd.), *La Schizophrénie : nouvelles perspectives*, Paris, Masson.

MCGUIRE P.K., SHAH G.M.S., MURRAY R.M. (1993), « Increased Blood Flow in Broca's Area during Auditory Hallucinations in Schizophrenia », *Lancet*, 342, 18, 703-706.

MCGUIRE P.K., SILBERSWEIG D.A., WRIGHT I., MURRAY R.M., FRACKOWIAK R.S.J., FRITH C.D. (1996), « The Neural Correlates of Inner Speech and Auditory Verbal Imagery in Schizophrenia : Relationship to Auditory Verbal Hallucinations », *British Journal of Psychiatry*, 169, 148-159.

MILNER A.D., RUGG M.D. (1991), *The Neuropsychology of Consciousness*, London, Academic Press.

MINKOWSKI E. (1953), *La Schizophrénie*, Paris, Desclée de Brouwer.

NISBETT R.E., WILSON T.D. (1977), « Telling More Than We Can Know : Verbal Reports on Mental Processes », *Psychological Review*, 84,3,231-259.

PIGMAN G.W. (1995), « Freud and the History of Empathy », *International Journal of Psycho-Analysis*, 76, 237-261.

PREMACK D., WOODRUFF G. (1978), « Does the Chimpanzee Have a Theory of Mind ? », *Behavioral and Brain Sciences*, 4, 515-526.

RACAMIER P.C. (1983), *Les Schizophrènes*, Paris, Payot.

RIZZOLATTI G., FADIGA L., GALLESE V., FOGASSI L. (1996), « Premotor Cortex and the Recognition of Motor Actions », *Cognitive Brain Research*, 3, 131-141.

SANDLER J. (1983), *Projection, identification*, Paris, PUF.

SCHNEIDER, K. (1959), *Clinical Psychopathology*, New York, Grune & Stratton.

SCOTTO J.C. (1995), *Les Schizophrénies*, Paris, Flammarion.

SEGLAS J. (1892), *Des altérations du langage chez les aliénés*, Paris, Rueff.

SHALLICE T. (1988), *From Neuropsychology to Mental Structure*, Cambridge, Cambridge University Press.

SPENCE, S.A., BROOKS, D.J., HIRSCH, S.R., LIDDLE, P.F., MEEHAN, J., GRASBY, P.M. (1997), « A PET Study of Voluntary Movement in Schizophrenic Patients Experiencing Passivity Phenomena (Delusions of Alien Control) », *Brain*, 120, 1997-2011.

TASSIN J.-P. (1995), « Schizophrénie et neurotransmission », in J. Dalery , T. D'Amato (éd.), *La Schizophrénie : nouvelles perspectives*, Paris, Masson.

TREVARTHEN C. (1993), « The Self Born in Intersubjectivity : The Psychology of an Infant Communicating », in U. Neisser (éd.), *The Perceived Self. Ecological and Interpersonal Sources of Self-Knowledge*, Cambridge, Cambridge University Press, 121-173.

WIDLÖCHER D. (1994), « À propos de la croyance délirante », *Revue internationale de psychopathologie*, 14, 249-269.

WIDLÖCHER D. (1993), « L'intentionnalité en psychopathologie », *Revue internationale de psychopathologie*, 10, 193-224.

WOLPERT D. M., GHAHRAMANI Z., Jordan M. (1995), « An Internal Model for Sensorimotor Integration », *Science*, 269, 1880-1882.